Et comme toutes choses sont provenues de l'Un par l'œuvre de l'Un,
ainsi toutes sont nées de cette chose unique, par adaptation.

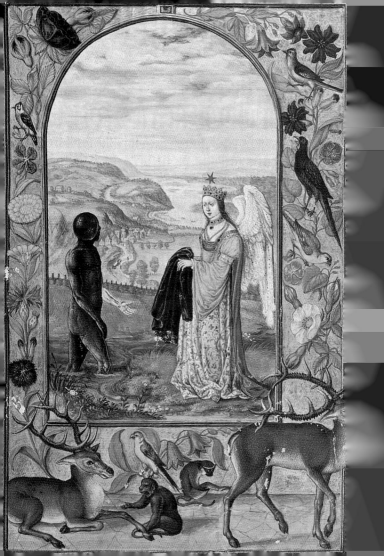

Monte de la terre au ciel et du ciel redescends à la terre et rassemble l'unité des forces des choses supérieures et des choses inférieures : ainsi tu conquerra la gloire dans tout le monde et tu éloigneras de toi toutes les ténèbres.

filius natus ex me, major est me.

Elle est la force plus forte que toute autre force, parce qu'elle peut dépasser toute chose subtile et pénétrer toute chose solide.

C'est ainsi que le monde a été créé. Elles sont merveilleuses,
les opérations qui de cette manière ont été accomplies.
Et ici s'achève ce que je devais dire sur l'œuvre du Soleil

A ndrea Aromatico est historien et historien de l'art, expert en iconologie hermétique et en ésotérisme, chargé de missions auprès d'organismes publics et privés italiens. Il est en particulier chargé par la Région de Pesaro-Urbino de la réalisation, en collaboration, du catalogue des Archives historiques. Auteur de divers ouvrages : *Ottaviano Ubaldini, il principe filosofo e la rocca di Sassocovaro* (Actes du colloque, Pesaro, 1993), *Medicamenti, pozioni e incantesimi del Ricetario Magico Urbinate* (Milano, 1993), *Liber Lucis, Giovanni da Rupescissa e la Tradizione alchemica* (Milano, 1996), il est actuellement responsable scientifique d'une exposition consacrée à l'alchimie, qui sera présentée à Urbino en 1998.

A mes parents, pour ce que je suis,
A Paolo, maître exigeant, pour ce que je sais,
Merci d'avoir cru en moi, je ne vous décevrai pas.

1ᵉʳ dépôt légal : novembre 1996
Dépôt légal : mars 2007
Numéro d'édition : 150081
ISBN : 978-2-07-053354-1
Imprimé en Italie par Editoriale Lloyd

ALCHIMIE
LE GRAND SECRET

Andrea Aromatico

Traduit de l'italien par Audrey van de Sandt

DÉCOUVERTES GALLIMARD
CULTURE ET SOCIÉTÉ

Dans les dédales des temps, l'alchimie apparaît comme une chimère aux contours incertains, comme une Fata Morgana dont la silhouette diaphane s'évanouit dans les fumées et les vapeurs qui s'exhalent des fourneaux et des alambics. Les légendes qui l'entourent sont innombrables et rares les faits certains. Que fut en réalité l'alchimie? Qui furent les alchimistes? Devons-nous continuer de croire que le but ultime de leurs efforts, de leurs veilles laborieuses, fut seulement la recherche de quelque «formule de fabrication de l'or»?

CHAPITRE PREMIER
LES CONCEPTS

Dans ce pavement du Duomo de Sienne (à gauche), un sage oriental et un sage occidental rendent hommage à Hermès. C'est dans la création du mythe d'Hermès que les philosophes d'Alexandrie, mêlant les savoirs initiatiques de l'Orient et de l'Occident, inventèrent le système conceptuel qui définit l'alchimie et son symbolisme.

Depuis qu'il vit sur la terre, l'homme a interrogé les fondements de son existence : pourquoi vivre et pourquoi mourir. Les sciences sont nées pour donner des réponses à ces questions, et devant les mêmes interrogations sont parues aussi les religions. Telles étaient la physique et la métaphysique : l'une domaine des certitudes, l'autre domaine de la foi. Mais, paraissant à l'aurore de l'époque historique, des documents mystérieux révélèrent toutefois l'existence d'une autre forme de connaissance; celle-ci prétendait s'établir comme un moyen terme entre les deux territoires. C'étaient les fruits d'une discipline qui avait su inventer sa voie contiguë et pourtant bien différente.

Les textes des origines

Ces textes étranges, parchemins, papyrus, tablettes, apparurent presque simultanément dans la plupart des cultures du monde, de l'Orient à l'Occident. Ils parlaient de spiritualiser la matière et de matérialiser l'esprit, de la nécessité de rendre plus pure la nature de l'opérateur pour que puissent être purifiés ses matériaux et vice versa; ils faisaient découvrir d'étranges dessins, représentent les fourneaux et les appareils distillatoires, leurs symboles mystérieux aux sens multiples; on y lisait l'affirmation qu'il était possible de connaître «La Vérité» par le biais d'une technique secrète, à travers la maîtrise d'une «métaphysique

Témoignages d'une tradition certainement orale, les premiers documents proprement alchimiques présentent une particularité dans l'aspect : l'écriture y est réduite au minimum, presque toujours débordée par la référence à un univers graphique ou visuel fortement symbolique. Dès son aurore, l'alchimie commence ainsi de se voiler et se recouvrir de mystère : ce sont des «livres muets» pour la plupart, très éloquents pour les initiés. A gauche, une tablette mésopotamienne.

expérimentale» voilée de mystère. Présente sans doute depuis des millénaires dans la tradition orale, voici comment enfin l'alchimie découvrait son visage!

Quelles caractéristiques à son début, avant l'époque historique, distinguèrent l'alchimie d'entre les autres activités de l'homme? Par quelles particularités reconnaît-on aujourd'hui la culture alchimique au cœur de civilisations diverses?

Il semble que quatre principales conditions rassemblées définissent l'alchimie : «1) la conviction que dans la manifestation universelle, de la vie en particulier, et à son origine, une énergie intelligente, ou bien consciente agissait;

2) la croyance en une forme possible d'immortalité physique de l'être humain; 3) une représentation du monde soumis à une loi intangible et inéluctable; 4) enfin l'existence d'une technologie métallurgique suffisamment évoluée.» (Lucarelli)

Dans le sein des grandes civilisations, égyptienne, grecque, arabe, mésopotamienne, indienne, chinoise, ces conditions purent se trouver réunies, favorisant la formation des premiers éléments d'un savoir proprement alchimique; ces étincelles de feu jaillies des forges prirent leur chemin vers le ciel.

Les premiers traités alchimiques soulèvent des questions anthropologiques de grand intérêt : on retrouve en effet le corbeau, le serpent, la rose, l'aigle, etc. comme symboles dans les manuscrits du monde entier. Ils semblent tous tournés vers le même univers de représentation.

De l'Extrême-Orient à l'Occident

Les textes védiques et boudhiques mentionnent un «liquide hataka capable de changer le bronze en or pur»; le Guru Nagarjuna donne dans son *Traité de la grande vertu de sagesse* quatre manières d'obtenir la transmutation des métaux; dans les écoles ajurvédiques, les connaissances naturelles sont perfectionnées par la voie alchimique depuis un temps immémorial. Selon certaines légendes, l'alchimie était pratiquée en Chine depuis 4500 avant J.-C. Celles-ci sont vraies ou fausses, mais il est bien avéré que le taoïsme de Lao-Tseu aura aussi dans sa quête un élixir de longue vie, destiné à mener les êtres humains au plus haut degré de la perfection physique et spirituelle. Quoi qu'il en soit, il y a des millénaires, l'alchimie grandit de fait parmi les hommes habitant les terres traversées par le Nil et l'Euphrate, et aussi parmi les peuples de la terre ferme et des archipels que baigne la mer Egée; en se développant de là, elle devint la forme principale de l'ésotérisme du monde occidental. L'art de la métallurgie atteint dans ces régions un grand raffinement, proche de systèmes doctrinaux et religieux fortement articulés. Ces peuples avaient en commun une interprétation unitaire et pampsychique de l'univers d'une part, et, d'autre part, ils avaient choisi le symbole pour mode spécifique de transmission du savoir. Dans leurs civilisations fleurit aussi la magie naturelle, aux côtés de l'astronomie, de l'astrologie, des sciences et des formes artistiques étroitement liées à la religion.

Les technologies elles-mêmes n'eurent pas de difficulté à pénétrer les temples : elles étaient filles légitimes dans ces temps où les mystères des arts étaient transmis en secret du père au fils, filles de ce premier âge de l'homme encore *homo divinans* – bien observé par René Alleau –, dont chacune des activités était investie du sacré. L'alchimie entre toutes, issue des confréries de fondeurs gardant le secret du maniement du feu et du travail du métal, fut florissante dans les temples d'Egypte, de Grèce et de Mésopotamie où elle trouvait un terrain

Ses connaissances techniques, sa langue mystérieuse, sa religion symbolique et énigmatique portèrent l'Occident médiéval et renaissant à considérer l'Egypte comme le berceau de toute connaissance secrète, et de l'alchimie en premier lieu. La provenance des premiers traités alchimiques dans l'Egypte hellénisante est en effet attestée.

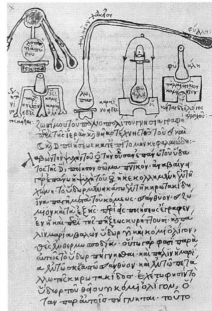

fertile ; alors elle put entretenir ses rites cachés, les pratiques de son symbolisme thaumaturge, sa vocation à la connaissance de la nature, et ainsi devenir l'Art sacré par excellence. C'est de ce moment que les alchimistes reçurent la considération de «prêtres du feu éternel», une caste à part d'hommes dédiés religieusement aux rituels théurgiques. Dans le calme des structures du temple, entre les pratiques dévotionnelles et les opérations manuelles, détenant un secret insaisissable, l'alchimiste cherchait à sonder l'insondable.

Souvenons-nous pourtant de la figure au rôle initiatique et complexe qu'auprès de certaines populations africaines continue de présenter – redouté et méprisé, admiré et haï – l'artisan-shamane : c'est en effet du même déguisement, ou presque, qu'on trouvera affublée la figure de l'alchimiste, au cours des siècles.

❝Les mystères de la théurgie du Feu ont marqué les traditions de civilisations très anciennes auxquelles s'ajoutèrent ensuite des notions et des rites différents, parmi lesquels l'apport indo-européen eut sans doute une influence déterminante. Il nous paraît légitime de désigner les Dactyles du mont Ida, les Coribantes phrygiens, les Cabires de Samothrace, les Carcins et les Sintes de Lemnos, les Telquins de Rhodes et les Curites de Crète sous l'appellation commune de «théurges du feu».❞
René Alleau

Il faut approcher l'alchimie par degrés, peu à peu. Lorsque nous cherchons à en assimiler les notions – les concepts cardinaux de l'hermétisme – il nous faut garder toujours en mémoire que c'est nourrir notre esprit du sel d'un savoir devenu, à notre mode de penser actuel, plus étranger que jamais. Il faudra donc de la patience et de la sagacité à suivre l'exposé des concepts de l'alchimie, qui nous met au contact d'un système philosophique dont l'ensemble échappe aux rationalistes de notre siècle.

Ne nous laissons pas effrayer, pourtant : elles sauront sûrement nous reconquérir, ces extraordinaires hyperboles conceptuelles des Adeptes… Elles nous transportent dans une dimension spirituelle qui jouxte encore de très près les tourbillons chaotiques de notre «histoire humaine». C'est qu'en réalité elles nous racontent «l'histoire de l'homme», c'est-à-dire ce chemin éternel de recherche qu'est pour l'individu singulier le spectacle des mystères de la Création.

Hermès, dit-il, appelle l'homme microcosme parce que l'homme, ou "petit monde", contient tout ce que renferme le macrocosme ou «grand monde» […], le macrocosme a deux luminaires, le soleil et la lune; l'homme aussi a deux luminaires : l'œil droit qui représente le soleil et l'œil gauche, la lune; le macrocosme a les monts et les collines : l'homme a les os et la chair. Le macrocosme a le ciel et les astres; l'homme a la tête et les oreilles. Le macrocosme a les douze signes du zodiaque; et l'homme aussi les possède, du pavillon de ses oreilles jusqu'aux pieds, que l'on appelle poissons.
(Ms. CCXCIX, Bibl. Marciana)

Syncrétisme et panthéisme de la doctrine du savoir unifié : l'Esprit universel

Le système philosophique qui fait la base de toute l'alchimie est, loin de ce que l'on a longtemps cru, d'une simplicité déconcertante. Cependant, dès qu'on l'a adopté, il conduit, inévitablement, à des conséquences conceptuelles vertigineuses.

Son idée de base fut assurément que, dans chaque phénomène naturel, dans tout ce qui existe, s'exerçait une seule cause première de la vie, unique à travers ses multiples manifestations, animales, végétales et minérales.

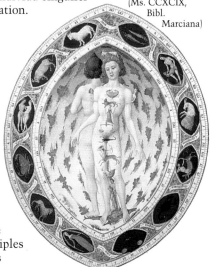

Les alchimistes appelèrent Esprit universel ce principe de toute la Création «qui est diffusé dans les œuvres de la Nature comme par une continuelle infusion, et qui meut chaque universel et chaque particulier selon son genre, par le moyen d'un acte secret et perpétuel» (D'Espagnet). Cette unicité, jusqu'à aujourd'hui, a empêché tous ceux qui ont étudié la pensée alchimique de bien la comprendre, du fait d'une approche à chaque fois partielle dans sa perspective. Nous vivons une époque pour laquelle tout le savoir est défait dans la variété de ses branches, divisées à leur tour en spécialités et sous-spécialités; une telle distribution des savoirs, selon l'alchimie, était inconcevable. Elle eût été considérée comme rien moins qu'obstacle à la tentative de pénétrer les mystères de la Nature, considérée par l'alchimiste comme un Tout. Nous sommes astronomes ou physiciens, chimistes ou biologistes, médecins, philosophes ou littérateurs;

Le cheminement progressif de l'alchimie en sphères concentriques dans la parfaite «connaissance de soi-même» et de la «Nature», autorisait l'Adepte à percer le voile des apparences et à pénétrer ainsi les mystères des mécaniques célestes, la secrète manière dont toutes les choses furent créées à partir de l'«Un» et dont toutes doivent y retourner. «Un est le tout, et de ceci le tout, et en ceci le tout, et s'il ne contient le tout, le tout n'est rien.» (*Chrysopée de Cléopâtre*).

l'alchimiste devait être tout cela à la fois et plus encore peut-être.

Pour le philosophe hermétique, l'Esprit était un, la Nature était une, et une la seule connaissance possible. Celle-ci s'appuyait toutefois sur une indispensable capacité analytique, nécessaire pour percevoir et embrasser le réseau de sympathies réciproques qui tenait en liaison chaque chose existante avec toutes les autres.

Dès lors, vibrer à l'unisson de cet Esprit, et en posséder les effets de façon concrète, prenait rang parmi les finalités premières de la recherche alchimique. Mais cela n'était certainement pas tout. Comment, de fait, le simple être humain pouvait-il espérer retenir l'Esprit? Quels mouvements intellectuels avaient pu lui laisser venir à l'idée la possibilité – même éloignée – de se rendre lui-même manipulateur de ces énergies impondérables pour les soumettre à son service?

A l'origine de la doctrine : les confréries de fondeurs de métaux

Il n'est pas difficile de se l'expliquer si l'on revient à la doctrine qui avait cours parmi les premières confréries religieuses d'artisans et de fondeurs de métaux. Celles-ci pratiquaient selon cette idée – la même qui devint plus tard le flambeau de la recherche alchimique – que tout ce qui existe, et donc les minéraux, était animé d'une vie propre qui avait pour origine un Dieu unique. Dieu donnait ainsi corps à la substance spirituelle, l'Univers entier étant la réunion des divers agrégats que cet Esprit, se faisant matière, formait dans le monde immanent. Ainsi entre ciel et terre, entre religion et philosophie, entre physique et métaphysique, il n'y avait aucune différence notable : tout le créé était *unum in multa diversa moda*. Tout devait vivre, croître, se multiplier et enfin mourir, à l'issue de son cycle, pour ensuite revenir en une nouvelle transmutation.

Lorsqu'il travaillait les créatures les plus simples, le «philosophe par le moyen du feu» ne cherchait donc en effet qu'à répéter en petit ce que Dieu avait fait en grand. Voulant recréer un microcosme,

L a Grande-Mère Nature : elle seule dispense la sagesse aux initiés. C'est par son intercession que les opérations du laboratoire alchimique sont détachées de la sphère profane et conduisent à l'«arbor scientiae» (ci-dessus).

par un usage
syncrétique
de toutes
ses connaissances,
il gardait le constant souci
de mesurer ses pas – supplémentaires – et de les
rapporter à ceux de la Nature. C'est ici qu'il faut
reconnaître justement l'une des plus importantes
différences entre ce savoir et le champ de nos

La Nature fait
ici reproche au
chimiste qui pensait
pénétrer ses secrets
avec l'aide de la seule
technique, se fiant à
l'art mécanique et
oubliant de «cueillir
les sympathies» et de
rechercher
l'illumination.

sciences contemporaines : là où celles-ci veulent connaître pour exploiter, le savoir alchimique utilisait pour connaître, et, en définitive, pour transcender.

Hermès entre Démocrite, Platon, Socrate et Aristote

Il faut ici faire le point. Il est certain que l'on peut trouver d'innombrables analogies entre l'hermétisme en général et la pensée de bien des philosophes du passé. Mais il est resté pourtant absolument impossible d'établir, sur le plan de la chronologie ou sur le plan strictement doctrinal, quelles ont été les influences réciproques qui s'échangèrent entre la pensée hermétique à proprement parler et celle des pères de la spéculation philosophique en Occident. Il y eut à l'évidence de nombreux points de contact entre les œuvres des Maîtres doctrinaux et l'enseignement traditionnel sur lequel les véritables «philosophes par le moyen du feu» appuyèrent leurs travaux.

Il suffira de poursuivre notre effort à dégager les points fondamentaux de la philosophie hermétique pour nous en rendre compte : la similitude, les proximités, sont grandes entre la *visio mundi* qui modèle l'approche de tout alchimiste et les fondements posés par la pensée des géants de la sagesse antique! L'étude des proportions pythagoriciennes, l'atomisme de Démocrite, les sphères de Platon comme les ésotérismes de la pensée socratique et les éléments d'Aristote,

Hermès Trismégiste (à gauche), le «trois fois très grand» est Thot, la divinité égyptienne protectrice de tous les arts et le dieu de la génération; il est Hermès, le messager des dieux, divinité de la lumière matinale, des cieux et des enfers; il est Mercure, principe de la vie et de la mort. Il est le symbole du savoir secret de l'Antiquité. Giamblico prétend qu'il écrivit 36 529 volumes traitant de toutes les sciences!

trouvent tous également leur place dans la structure syncrétique de la pensée conceptuelle alchimique. Combien de phrases et d'affirmations des philosophes l'on trouverait également sous la plume d'un des alchimistes médiévaux! Cela nous permet d'affirmer qu'assurément les grands penseurs eurent part dans

Les alchimistes, qui se nommaient eux-mêmes «philosophes», ont toujours compté les philosophes du passé parmi les Maîtres de la Doctrine. Ils «furent les nouveaux philosophes, inquiets et rebelles, des chevaliers errants du savoir d'un univers entre songes et magie, entre l'utopie et les

illusions d'une paix universelle et perpétuelle, entre une réflexion critique sondant toute l'intériorité, entre les vagabondages mystiques dans les âmes des étoiles, dans les formules mathématiques qui devaient en traduire les mouvements.» (Garin).

les principes de la philosophie hermétique, bien que les modalités de cette osmose soient loin, encore aujourd'hui, d'être clarifiées.

Pour rester rigoureusement dans le vrai, il faut préciser que c'est seulement dans un texte assez tardif du *Corpus hermeticum*, le *Kore Kosmou*, que l'on trouvera exprimé pour la première fois dans une exposition cohérente tout l'arrière-plan conceptuel qui, de là, deviendra le trésor idéologique et spirituel de chaque alchimiste dans toutes les époques.

L'espace-temps des alchimistes et leur savoir traditionnel

L'œuvre alchimique voulait reproduire la création du macrocosme, dans son plan méthodologique du moins. Cela ne va pas sans générer, ou plutôt

présupposer, certaines conceptions cosmogoniques et cosmologiques originales. Nous ne devons pas aujourd'hui les sous-évaluer, bien qu'elles soient lointaines des idées communes qui nous gouvernent à présent : c'est leur force intuitive qui permit aux Anciens de développer leur connaissance extrêmement fine, fondée sur un pacte d'amour immense et réciproque avec la nature et la Création entière.

Si l'on en approche le détail, on voit bien à l'origine de la vision hermétique des choses le présupposé d'une identité spéculaire – dont la Table d'Émeraude récite la description – liant le haut et le bas. Tout ce qui régnait dans les strates les plus élevées de l'existant avait son correspondant dans le niveau inférieur et dans les suivants, en résonance.

Dans cet univers organisé en une série de sphères concentriques, le point le plus haut était le macrocosme des planètes et des étoiles dont le

Dans les traités, les illustrations synoptiques pour guider la réalisation de l'Œuvre philosophale montrent toutes une étroite analogie avec les conceptions cosmologiques et métaphysiques de l'hermétisme. Elles indiquent que l'Œuvre alchimique, fidèle au dessin géométrique et progressif des sympathies cosmiques, s'élève ainsi au rang sacré et divin. Par de telles perspectives, l'alchimie se révèle comme une «métaphysique expérimentale». (Canseliet)

modèle commandait les micrososmes reliés les uns aux autres. Les microcosmes, plus petits, demeuraient toujours copiés sur le macrocosme, et reproduisaient sa structure. Au-delà de tout était l'empyrée divin.

Ainsi le monde était un macrocosme pour l'être humain microcosme et, quand l'homme penchait sur lui son attention, à son tour, le règne minéral se faisait microcosme. Dans cette contemplation active, en pénétrant les secrets, l'homme pouvait par conséquent se connaître lui-même et découvrir, par réflexion, le Tout.

C'est à l'homme qu'était effectivement réservée la première place entre tous les êtres vivants. Le plus parfait porteur de l'Esprit universel d'origine divine, il était pour la vision hermétique le véritable moyen terme. A travers l'Esprit, Dieu avait créé l'Univers, le monde et l'homme : ce dernier, par la faculté intellective, pouvait comprendre les mécanismes de la Création, les lois qui avaient organisé l'existant depuis le Chaos primordial et sans vie. Suivant une démarche analogue à celle du démiurge qui

L'Occident médiéval a produit de nombreuses légendes symboliques racontant l'origine de la Table d'Emeraude : l'une d'entre elles la fait retrouver par un moine dans une construction en forme de pyramide entourée par la garde des aigles (ci-dessous).

Phœnix

L'alchimiste dominant l'Univers hermétique, initié aux secrets du jour et de la nuit, de la lumière et des ténèbres, paraît en triomphe au centre d'une fantasmagorie figurative qui présente les symboles chers aux alchimistes. A sa droite, les principes masculins de l'Œuvre : le féroce lion dressé, le soleil, l'homme, le phénix et la source du feu terrestre dans la clarté diurne. Les principes féminins sont à sa gauche, plongés dans les ténèbres : la lune «fidèle servante», la femme dont les seins dispensent le flux vital, l'aigle et la source d'eau pure surgissant de la terre. Les métaux, arbres du jardin philosophique, font cercle autour de l'alchimiste. Au-dessus de lui, les animaux symbolisent les différents stades de l'Œuvre : le corbeau de la putréfaction, l'autruche de la calcination, le dragon mercuriel, le pélican de l'imbibition, le phénix, la pierre philosophale. Plus haut encore, dans les sphères angéliques, se tient la Divine Trinité : l'agneau mystique, le tétragramme de Dieu et l'Esprit saint. C'est d'elle qu'émane la vie; elle porte en son centre la structure armillaire de la connaissance alchimique, l'union des principes inférieurs aux principes supérieurs.

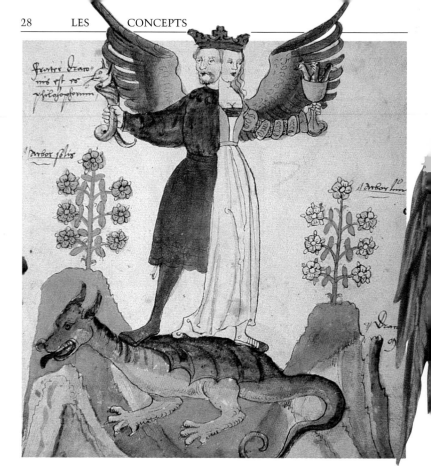

anima le cosmos par la communication de son Esprit, l'homme pouvait créer enfin à son tour le microcosme de ses propres opérations.

La différence entre une cosmologie traditionnelle, telle que fut l'hermétisme, et la science de type analytique, que la raison domine, paraît plus clairement encore dans la conception et l'interprétation du cosmos astronomique.

Suivant la vision antique présentant la Terre comme un disque surplombé par la voûte étoilée du ciel, l'imaginaire alchimique lui prêtait une profusion de sens plus généraux et plus profonds. Ceux-ci

Les figures symboliques de l'alchimie révèlent un savoir unitaire : plusieurs symboles d'une valeur polysémique et variable coexistent à l'intérieur d'une seule représentation, mais un seul de ces symboles doit être suffisant pour découvrir toute l'alchimie.

tenaient bien sûr de la vérité, pour l'expérience naturelle de l'homme, de cette représentation, mais encore de ce qu'en elle pouvait se révéler la méthodologie cognitive propre à l'alchimie.

Au regard de celle-ci, «le ciel, qui par son mouvement mesure le temps naturel, qui détermine les saisons et le jour et la nuit, qui fait paraître et disparaître les astres et répand la pluie, représente le pôle actif et masculin de l'existence. La terre qui, en réponse à l'afflux céleste, s'imprègne et produit les plantes et nourrit tous les êtres vivants, représente le pôle passif et féminin» (Burckhardt).

C'est ici le modèle et l'exemple des nombreux couples d'opposés par affinité que l'alchimie rassemblera dans le Magistère du Soufre et du Mercure. Réunis par la *coincidentia oppositorum*, ils étaient représentés par le Rebis, l'œuf philosophique, l'androgyne.

Lorsque s'imposa le système de Ptolémée, mettant au centre la Terre, globe autour duquel gravitent les planètes sur leurs orbites séparées, entourées au-delà du ciel des étoiles fixes et de l'extrême divin, l'empyrée sans étoiles, rien ne fut ôté à la vision antique, ni à son fondement dans

Au niveau conceptuel comme dans les opérations elles-mêmes – mais, pour l'alchimie, les deux niveaux ne se distinguent pas l'un de l'autre –, l'union des contraires, la résolution de couples antinomiques en une troisième entité, produite des deux autres mais détenant les natures harmonisées de chacune, est le but principal de tout le Grand Œuvre. Les maîtres antiques la nommeront «rebis», la double chose, résolution de toute dialectique dans l'harmonie : on la représenta souvent comme l'androgyne, être nouveau créé par l'Art et l'Esprit; c'est le corps glorieux qu'évoquent les paroles de l'Adepte disant «tous s'accordent en un qui est divisé en deux» (*Symbola aurea mensæ duodecim nactionum*).

l'expérience naturelle. En substance, en effet, ce nouveau modèle cosmologique confirmait deux prémisses de l'hermétisme : d'abord, en affirmant l'organisation concentrique et sympathique de l'espace; d'autre part, en légitimant la structure prônée par l'alchimie d'un savoir absolument vertical, connaissance selon laquelle chaque élément perceptible au niveau terrestre trouvait sa valeur d'être, symboliquement, révélateur des éléments supérieurs, en degrés, qui ramenaient ultimement aux archétypes.

Tout pouvait-il encore être renversé par la révolution galiléenne, ou celle de Copernic? Nullement! La représentation héliocentrique était de fait intégrée dans l'équivalence hermétique de Dieu avec la Lumière dont le Soleil et ses influences sur le plan terrestre avaient de tout temps fait les symboles. En outre, l'instauration de ce modèle astronomique ne changeait en rien le rôle d'être connaissant confié par le Créateur à l'homme. Plutôt, il confirmait l'étroite dépendance, au niveau des intuitions supérieures, le liant à ce Soleil éclairant dont l'origine toujours divine était le point fixe d'où tout provenait et à quoi tout, par un chemin circulaire, devait éternellement retourner.

Cette observation doit ainsi nous amener à considérer la conception du temps des alchimistes. La structuration circulaire ainsi que les modalités temporelles de ce savoir,

Les conceptions alchimiques ne furent jamais dérangées par le raffinement croissant de la connaissance scientifique qui fit se succéder les modèles astronomiques : l'immanent ne tenait d'autre rôle pour les alchimistes que de pourvoir le socle symbolique d'une «connaissance» transcendante. Plate, ronde ou elliptique, peu importait quelle était la forme d'une terre qu'il fallait quitter pour arriver au ciel.

Le serpent Ouroboros, emblème de l'alchimie elle-même, abrite le cœur

d'emblée éternelles et immuables, amenaient la vision hermétique du temps à recopier, par analogie, celle de l'espace. La macrostructure, par conséquent, ainsi que ses microstructures, obéissait au même développement circulaire, refermé sur lui-même, ou pour mieux dire, cyclique. L'espace-temps de l'alchimie n'est donc pas un espace-temps qui se poursuit de manière linéaire, mais une seule dimension continuellement enroulée sur elle-même et imprégnée de l'Esprit universel. Le déterminisme divin, le destin et la détermination de l'homme y sont les coordonnées principales selon lesquelles tous les êtres de la Création poursuivent leur existence. Le très ancien symbole de l'Ouroboros – le serpent qui mord dans sa bouche sa propre queue, image chère aux alchimistes de tout temps – avait pour seule fin de signifier cette corrélation, plutôt que l'idée

conceptuel de la philosophie hermétique, selon laquelle chaque chose est liée au tout, établissant que matière et esprit sont une seule et même chose, que par leur manipulation s'accomplissent des merveilles, enfin que peut avoir lieu la transmutation des corps.

autrement banale de l'unité de la matière, qu'aucun parmi les maîtres anciens n'avait jamais songé à mettre en discussion.

Les conséquences immédiates de ces thèses, si l'on en reste au seul plan théorique, sont extrêmement simples. Alors que la science profane, curieuse par nature de la multiplicité inépuisable des phénomènes, multipliait expériences et modèles de résolution et, victime de son propre effort, se divisait sur la voie de son progrès, tout au contraire, la conscience sacrée qui animait l'alchimiste en quête de ce centre spirituel de l'homme et du monde des choses, par nature.éternel, unique et indivisible, restait, elle, unitaire et organique. L'alchimie y trouvait, de surcroît, sa légitimité de discipline traditionnelle.

La matière, les éléments, les métaux, les planètes

Ce que l'homme moderne comprend sous le nom de matière ne peut correspondre en rien à ce que ce terme recouvrait dans le contexte de la philosophie hermétique. Pour la conception alchimique mêlant étroitement le sensible et le spirituel, matière et esprit étaient les deux pôles originaires, actif et passif, entre lesquels migrait nécessairement tout ce qui existe. En somme, la manifestation de l'esprit réclamait un support matériel et la matière ne se tenait elle-même que grâce à quelque contenu de nature spirituelle.

C'est sur ce postulat que l'alchimie développa une théorie des éléments nonobstant le paramètre de la quantité et distribuant ceux-ci, en accord avec l'enseignement d'Aristote, sur la base de qualités précises.

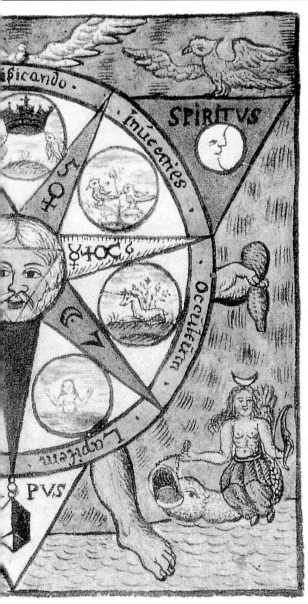

Les quatre éléments encadrent la scène : en haut à gauche, une salamandre brûle éternellement dans le sein du feu primordial et en face d'elle l'aigle déploie ses ailes dans l'air ; en bas à gauche une figure royale trône sur le lion et domine le dragon rugissant dans les entrailles de la terre tandis qu'à droite Artemis, son front orné du croissant de lune, chevauche un rémora sur l'eau marine. Dans les coins du triangle équilatéral renversé, la trinité de l'âme, de l'esprit et du corps est emblématisée par le soleil, la lune et le poids de pierre. Les rayons qui émanent du centre-origine donnent trois traductions de la septaine. Sept comme les sept planètes des métaux alchimiques : Jupiter-étain premier à la base, Saturne-plomb à sa gauche et suivant, en ordre, Mars-fer, Soleil-or, Vénus-cuivre, Mercure-mercure et enfin Lune-argent. Les cercles décrivent les scènes allégoriques des sept phases opératoires. La circonférence formule un sens occulte de l'acronyme «VITRIOL». Le centre contient le visage serein de l'Adepte glorifié par l'action spirituelle : ses mains tiennent les instruments de l'art alchimique et, comme l'ange de l'Apocalypse, ses pieds s'appuient sur la mer et sur la terre.

Celles-ci, quatre éléments archétypes fondamentaux, recouvraient de façon exhaustive le tout et rassemblaient les aspects de la matière-esprit selon les quatre éléments, terre, air, eau et feu. Ces qualités ontologiques élémentaires étaient présentes en chaque chose suivant une mesure établie par le Créateur; de surcroît dominait, voisine de la perfection et du centre naturel de l'esprit, l'ultime, la quintessence.

S'attachant au microcosme le plus proche de l'homme dans ses opérations, le monde métallique, l'alchimie fonda en outre sept principes inférieurs correspondant aux qualités intrinsèques des métaux simples. L'argent, le mercure, le cuivre, l'or, le fer, l'étain et le plomb formaient ainsi, non des éléments, mais des principes archétypaux auxquels les alchimistes associèrent, selon cette loi voulant que ce qui était en bas fût comme ce qui était en haut, des rapports déterminés avec le Soleil, la Lune, et les cinq autres planètes visibles à l'œil nu. Cette correspondance directe entre le monde terrestre de la matière spirituelle et le monde céleste de l'esprit-matière, pour une lecture plus facile, se résume pour nous dans la table suivante : Lune = argent; Mercure = mercure; Venus = cuivre; Soleil = or; Mars = fer; Jupiter = étain; Saturne = plomb.

Dans le contexte de la philosophie hermétique, astrologie et alchimie soudaient ainsi leur rapport réciproque par un lien si formidable que, pour tout alchimiste, la connaissance parfaite des sympathies secrètes entre la Terre et le ciel, entre l'inférieur et le supérieur, était devenue le patrimoine de connaissances indispensable à ses «opérations».

L'alchimie avait une théorie fascinante concernant la naissance des métaux. Ceux-ci étaient censés être produits perpétuellement par la Terre-Mère en son sein. Ainsi le Cosmopolite dit «que toutes choses sont formées d'un air liquide ou d'une vapeur que les éléments distillent en leur mouvement perpétuel dans les entrailles de la terre. Après qu'il a reçu cette vapeur, l'Archê de la Nature la sublime par ses pores et avec sagacité la distribue en chaque lieu [...], faisant ainsi que grâce à la variété des lieux, les choses aussi adviennent et naissent différentes» (*Novum lumen chimicum*).

Pour les alchimistes, tout l'existant était régi par les quatre éléments (ci-contre). «Malgré les subtilités les plus extraordinaires, on ne pourra jamais faire que les quatre éléments ne soient à la base de toute la création» écrit Canseliet dans son *Alchimie*. «Ils se manifestent, d'ailleurs, dès la moindre opération à laquelle toute chose puisse être soumise. Cela sous la forme qui est propre à chacun et qui est donc fluidique, liquide, gazeuse ou bien solide, selon qu'il s'agisse du feu, de l'eau, de l'air ou de la terre.»

Les quatre éléments feu, air, eau et terre, selon leur degré, formaient dans le monde sensible les distinctions fondamentales de la matière première. Dans le même temps, les planètes, par leurs positions réciproques, régulaient les diverses activités de l'Esprit descendant du ciel sur la terre. Les métaux, pour leur part, représentaient les premiers produits de la matière élémentaire mûris par l'Esprit dans le sein de la Terre.

Les bases conceptuelles de l'hermétisme ouvrirent la voie à une modalité d'approche particulière de cet univers unitaire. Elles permettaient à l'homme d'envisager la possibilité de rencontrer la nature des éléments et d'opérer leur transmutation.

CHAPITRE II
LA THÉORIE ALCHIMIQUE

La lumière qui resplendit dans le fourneau est la même, idéalement, qui éclaire la signification obscure des traités. Théorie et pratique se présentent ainsi comme indissociables dans l'Œuvre philosophale. Il ne pouvait en être autrement pour une discipline telle que l'alchimie, qui se donnait pour fin suprême la réconciliation de toute dualité et le développement unitaire de toute connaissance.

Les conceptions cosmologiques et cosmogoniques qui définissent la spécificité de la base théorique de l'alchimie n'étaient en vérité que le premier des versants ardus de la recherche alchimique! Les bases conceptuelles composaient le support raisonné d'une conception plus complète, dans laquelle les développements et les applications détenaient une part cruciale du savoir dans sa véritable essence.

La conception hermétique du temps circulaire porta au cœur de la culture alchimique l'idée d'une cyclicité du cosmos et de l'existence dans laquelle l'homme aussi était directement engagé. Qu'était l'alchimiste, en effet, sinon cette figure «mélancolique», voyant sa recherche à l'effort de le rendre «libéré dans la vie» (selon l'expression qu'on peut emprunter à la pensée bouddhiste), de l'affranchir de la tyrannie du temps et du monde fini pour le porter face à face avec l'infini éternel et trouver enfin la paix? De très nombreuses figurations de la Mélancolie, à l'époque de la Renaissance, sont fondées sur la symbolique et les représentations alchimiques. Ci-contre, à côté de l'ange noir, le creuset flamboyant, la chienne d'Arménie, l'échelle des sages, la pierre équarrie, la lampe à pétrole, le carré de Jupiter, la clepsydre figurant allégoriquement le temps, le feu de roue, la balance représentant les poids, le compas symbolisant la mesure, et aussi la sphère, les instruments de la Passion, les clés de la sagesse : les objets symboliques les plus précieux aux alchimistes de tous les temps.

Le fondement théorique

On n'aura pas besoin du recours aux élucidations pourvues par une certaine psychanalyse ou des comparaisons avec l'ésotérisme tibétain pour s'en assurer : la lecture attentive des innombrables traités de la littérature hermétique laisse bien clairement

comprendre que, de l'Orient à l'Occident, tous les alchimistes suivaient une même théorie; tous tentaient d'obtenir le même résultat pratique! Mais quelle était cette théorie? Et vers quel résultat tendait-elle? La réponse est simple : s'il existait un Esprit universel, base intelligente et fondement vital de toutes les manifestations, qui animait tous les corps, et les conservait dans leur état selon la proportion de ce qu'ils en contenaient, alors, pour parler avec Nuysement :

«Un grain de cet esprit, de céleste origine
Pris seul, fait plus d'effect qu'un pot de médecine.»

Mais il y a plus : cet Esprit, igné en sa substance et par nature tout-puissant, était connu aussi des alchimistes comme l'agent primaire de toutes les

L'alchimiste, homme de science, prêtre et magicien est guidé par une étoile comète comme les Rois mages à Bethléem : il nourrit le dragon de substance spirituelle pour éteindre la flamme dévorante et purifier la nature ténébreuse, l'apprêtant aux manipulations futures. «Contemple bien ces deux Dragons... celuy qui est dessous sans ailes... est appelé Soulfre, ou bien calidité & siccité.»
(Flamel)

transformations dans le créé. Ainsi détenir l'Esprit accordait réellement pouvoir de changer n'importe quel corps en un autre, d'accomplir sa transmutation. Il ne fait aucun doute que la concrétisation de cet Esprit sacré fut toujours le but direct des travaux alchimiques; la transmutation paraissait comme la preuve ou la confirmation du résultat obtenu.

Le vase alchimique

Le problème auquel était confronté l'alchimiste – si l'on reste sur le plan théorique – prenait alors un autre tour. Comment réaliser ce projet sinon en attirant l'Esprit dans un contenant capable de le recueillir et de ne pas le laisser échapper?

Comment trouver un vase – pour expliquer ce terme cher aux alchimistes – capable de contenir l'Esprit? Comment faudrait-il l'ouvrir pour que celui-ci puisse s'y fondre? Et enfin, comment ensuite le sceller hermétiquement de façon que son contenu précieux ne s'enfuie pas à nouveau dans l'éther?

Abordons simplement leur réponse. Il s'agissait en somme d'obtenir un élément suffisamment purifié pour devenir catalyseur de l'Esprit universel et s'imprégner de celui-ci, le faisant agent de transmutations réelles sur le plan phénoménal. Ce concept, c'était le Magistère de l'Aimant ou Magnesia des philosophes.

Et c'est ici que l'alchimie devient absolument ésotérique. Justement où commence à paraître une lueur opérante, voici que d'improviste elle s'enveloppe de secret, non tant sur le plan conceptuel, ni sur celui des croyances ou de la religion présupposées : les mystères de l'alchimie touchent l'ensemble des pratiques, scientifiques autant que sacrées, qui amenaient l'assidu au savoir à devenir philosophe par le feu.

Combien de difficultés presque insurmontables se présentaient alors à celui qui, décidant de se mettre dans les pas des philosophes, désirait, lui aussi, se faire alchimiste!

Quelles étaient, de fait, les opérations à suivre? Qui les connaissait? Où trouver contenues les informations nécessaires à qui voulait apprendre les

Marie la Prophétesse, sœur de Moïse, dans sa *Pratique de l'Art chimique*, insiste sur la prépondérance du Vase : «Tous les philosophes enseignent ces choses, hormis le vase d'Hermès, parce qu'il est divin, caché et provient de la Sagesse du maître du Monde; et ceux qui l'ignorent ne savent pas le régime de la vérité, à cause de l'ignorance du vase d'Hermès.» Morien et Hali ont rédigé les traités postérieurs sur cet arcane du Grand Œuvre. Du premier, on lit : «Si les anciens sages n'avaient pas trouvé la quantité du vase, dans lequel notre pierre soit mise, jamais ils ne seraient parvenus à la perfection de ce magistère.» Et du roi musulman : «Connais la mesure ou le degré du vase de notre œuvre, parce que le vase est la racine et le principe de notre magistère. Et ce vase est comme la matrice chez les animaux, parce qu'en elle ils engendrent, conçoivent et nourrissent également la génération. Pour cela si le vase de notre magistère n'est pas convenable, tout l'œuvre est détruit, notre pierre ne produit pas l'effet de la génération, parce qu'elle ne trouve pas le vase propre à la génération.»

techniques de l'Art sacré? Certes, pour qui n'avait la chance de rencontrer un Maître véritable, il n'y avait d'autre solution : il ne restait qu'à se fier aux livres.

Les traités

On peut se poser la question : comment donc fut-il écrit tant de traités d'une science qui désirait, dans sa plus intime essence, rester secrète?

Nous pouvons avancer une réponse, en affirmant que la nature des sources coïncide pleinement avec l'unique commandement éthique que l'alchimie imposait aux disciples de son art. Celui-ci enjoignait à l'alchimiste d'être à la fois «charitable» et «envieux». Il lui était prescrit, en clair, de partager avec d'autres les dons matériels et de sagesse que la science sacrée pouvait lui offrir, mais il devait autrement prévenir la vulgarisation des principes et des techniques qu'une divulgation sans discrimination ouvrirait au premier venu.

Tel était donc le double enjeu des traités : d'une part, il leur fallait fournir les indications pratiques pour instruire «charitablement» les frères; d'autre part, l'exposition des concepts dans le langage et la forme «envieuse» sépareraient le digne et l'indigne, afin que seule la véritable vocation, seul qui était disposé

La typologie des traités alchimiques est très variée... par leurs formats, par leurs longueurs respectives et pour la richesse de l'illustration. Il semble qu'on puisse estimer à plus de 50 000 le corpus des traités spécifiquement alchimiques, chiffre qui semble incroyable quand tous les ouvrages traitent de la même chose.
A travers ces œuvres se poursuivent les anneaux de la chaîne millénaire de l'alchimie traditionnelle.

à se risquer lui-même en entier, son bien, sa logique, son raisonnement, puisse enfin accéder à la Fraternité des vrais Philosophes.

Il faut avec patience et honnêteté consulter l'immense patrimoine écrit que les Anciens Maîtres ont laissé : il est alors aussitôt clair, à travers les expressions sibyllines et l'exposition, renversant habilement la logique «normale», que tous ces livres ont

chaque fois pour unique propos d'écrire le «manuel d'instructions pour opérer». Ainsi, lorsque apparaissent, dans les textes classiques des Adeptes, les passages incongrus, les longs chapitres de spéculations métaphysiques, descriptions cosmologiques et cosmogoniques, allégories mystiques et autres échappées, le lecteur ne devrait pas s'y tromper : il est certain qu'ils ont été insérés dans le texte pour abuser le profane, sinon,

«Les artistes véritables proclament à l'envi, qu'il faut prendre la matière qui s'offre la plus prochaine. En somme l'étudiant fera de même quant aux livres, et les choisira parmi les classiques réputés qui se plaignaient déjà des pernicieux sophistes. [...] On n'obtient rien sans donner en échange; c'est pourquoi il ne faut pas oublier que le volume même, en sa chose animée, constitue un substrat de réelle magie. Au cours des ans, voire des siècles, les successifs propriétaires d'un livre d'étude, développent, par lui, une chaîne dont il demeure le maillon tangible et perdurable.**»**

Canseliet

comme plus fréquemment, par une manière ésotérique de décrire les techniques et opérations de laboratoire.

Ce que recherchait l'alchimiste en effet n'était pas une connaissance salvatrice; sa conviction plutôt, comme l'a bien marqué Lucarelli, était que l'unique salut possible ne pouvait dériver que d'un contact sympathique avec la matière, matière spirituelle dont il fallait quérir l'aide selon la mesure, le moment et les modalités qu'une très antique sagesse voulait conserver dans un voile de secret.

❝Certes, les commentateurs modernes se multiplient. Quel bénéfice substantiel est-il possible d'en attendre, puisqu'ils ne manipulent pas ustensiles et matériaux? [...] En alchimie, aucun auteur ne fait œuvre plus dommageable, que celui-là qui disserte

Le langage secret des alchimistes

La transmission ésotérique, pour être réalisée, suivait un système de cryptage double. Il s'appuyait en effet, d'une part, sur une panoplie compliquée de symboles, parmi lesquels dieux et héros, animaux vrais et fantastiques, monstres et sylphides, par leurs rapports réciproques – parfois amoureux, d'autres fois batailleurs – dévoilaient des principes et décrivaient des opérations. D'autre part, il empruntait un mode d'exposition particulier, pour ainsi dire labyrinthique, selon lequel l'explication véridique des opérations à suivre, leur succession chronologique et ainsi la

d'opérations dont jamais il n'effectua la plus élémentaire. Pour lui, très fréquemment, les textes sont symboliques et de portée uniquement intellectuelle, même ceux qui se montrent les plus expressifs, quant à la terminologie sans équivoques de la pratique au fourneau.❞

Canseliet

concaténation des causes, étaient fragmentées pour créer une contradiction. Ainsi, on rencontre l'opération décrite de son milieu d'abord et poursuivant par sa fin pour paradoxalement conclure par ce qui aurait dû être mis au début. En d'autres cas, un processus opératoire pouvait être défait en plusieurs parties ensuite dispersées à l'intérieur de divers chapitres du livre, quand elles ne se trouvaient pas tout bonnement parsemées dans plusieurs volumes.

Ce n'étaient pas encore toutes les difficultés. Il faut savoir en effet que rarement la langue alchimique attribue à un seul terme constamment le même sens. Ceci parce que ce qu'il désigne n'était jamais considéré d'un seul point de vue, mais au contraire en fonction du rôle que tour à tour élément, principe, sujet ou objet, il pouvait développer dans l'Œuvre philosophique. Pour ajouter à ces embûches, trois autres facteurs interviennent de manière déterminante : 1) le *modus operandi* semblait varier d'un auteur à l'autre; 2) les meilleures œuvres elles-mêmes, bien qu'elles continssent forcément quelques lacunes, se décoraient de fausses recettes destinées à accumuler les contradictions; 3) dès l'aube de son histoire en Occident, l'alchimie se voulut secrète et se dissimula par un système linguistique raffiné et complexe, affranchi de toutes limitations syntaxiques, qui prend le nom de Cabale phonétique.

❝Le latin *caballus* et le grec καβαλλησ, signifient tous deux cheval de somme; or, notre cabale soutient réellement le poids considérable, la somme des connaissances antiques et de la chevalerie ou «cabalerie» médiévale, lourd bagage de vérités ésotériques transmis par elle à travers les âges. C'était la langue secrète des cabaliers, cavaliers ou chevaliers. Initiés et intellectuels en avaient tous la connaissance. Les uns et les autres, afin d'accéder à la plénitude du savoir, enfourchaient métaphoriquement la cavale, véhicule spirituel dont l'image type est le Pégase ailé des poètes helléniques. Lui seul facilitait aux élus l'accès des régions inconnues; il leur offrait la possibilité de tout voir et de tout comprendre, à travers l'espace et le temps...❞
Fulcanelli

Le Jeune ☿ doit dominer par son poids de 10₴.
de plus que les 2 autres ensemble.

... le prendre comme beurre ou fromage en pilant et agittant ça et la quand et quand
... et lavant avec l'eau claire vulgale, tant que l'eau en soit claire, et que la masse
soit blanche, (ainsy ferax tout une fois,) alors en faitte conjonction
d'iceluy, avec la saturnie regalle solaire : quand en donc a maintenu ainsy que
beurre, prendx la masse que sécherax doucement avec toile ou drap fin, mollx
enquin. Voila notre **MA** ♄lomb et notre masse du ☉ et ☽ non vulgale ainsi

○○○○○○○○○
○○○○○○○○○
○○○○○○○○○
○○○○○○○○○
○○○○○○○○○

le Philosopheaux, a donc metre d'iceluy dans une bonne retorte de terre a creusel, moult
mieux D acier priix en fourneau, et donne feu en alant petit a petit a petit. agence vx
receptoire a la retorte, comment en melieu deux heurex, et aprex Vigore ton feu, tant
que le ☿ se dane le receptoire demie dit, et en iceluy ☿ l'eau du ☉ flottante (a
p. 21. explication de la 3. figure ouest depeint la representation d'un fleur
herodes aux Dard tito le sommet d'une montagne
agreable

2.) c a d. l'☿ dou soy le Romeu qui porte de fleurs blanches et rouges : c a d. lunaires et solaires

Le «Magistère» de Nicolas Flamel

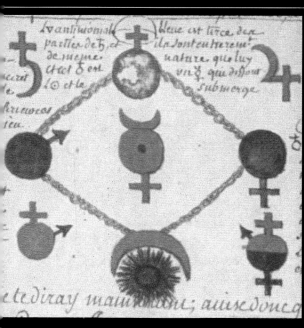

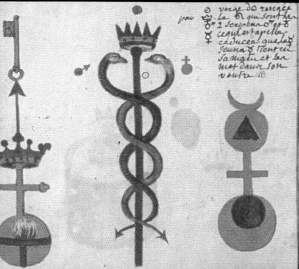

Diverses planches extraites du *Magistère* de Nicolas Flamel montrent l'enchaînement du processus opératoire. En haut à gauche est indiquée l'importance suprême donnée à l'usage du mortier, instrument de la pulvérisation. Au-dessous, on reconnaît les «aigles» et la préparation du sel. En haut à droite est décrite la série des correspondances métalliques et cosmiques qui participent à la préparation du mercure philosophique; on peut noter le symbole récurrent du globe portant la croix, signe de la terre. L'illustration en bas à droite figure le caducée d'Hermès; il reflète entièrement cette «matière qui est une et qui est toutes choses, disent les philosophes, parce qu'elle est le principe à la racine de tous les mixtes. Elle est en tout et semblable à tout parce qu'elle est susceptible de toute forme, mais avant que celle-ci n'appartienne à l'une des espèces des trois règnes de la nature» (Dom Pernety). Et «Ce qui a pénétré tout le ciel depuis l'origine, c'est le principe de la vie, sa racine.» (Hoang-ti-nei-King)

selons lengin de louruev, mais ne p[...]
te baille.

$$\overset{3}{V} = 12.$$
$$V = 9.$$

x faillio en besognant ce que

l'arbre ne fleurit
qu'apres qu'il est
brulé

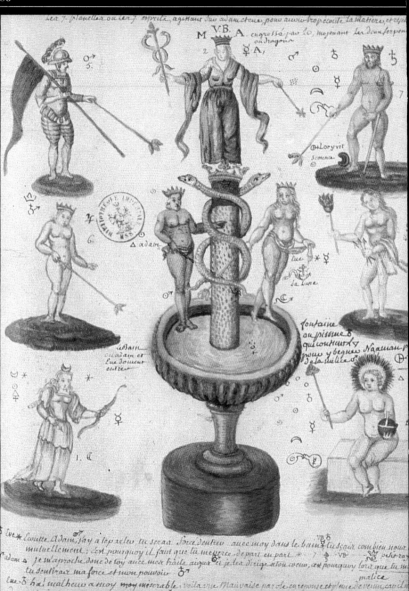

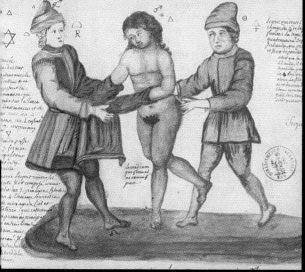

À gauche, les représentations mythologiques sont les figures allégoriques des métaux et des planètes faisant hommage à la «… pierre occulte, enfouie au plus profond d'une fontaine, qui est vile, abjecte et dépourvue de valeur; et elle est couverte de boue et d'excréments; et en elle, comme en un seul, se reflète chaque nom. Parce que, dit le sage Morien, cette pierre n'est pas une pierre animée, avec la vertu de procréer et de générer. Cette pierre est molle, prenant son début, son origine et sa race de Saturne ou de Mars, du Soleil et de Vénus.» (Flamel) En haut à droite se trouve au contraire représenté le produit de l'art qui possède toutes les natures – de l'eau, de la terre, du feu, de l'air – combinées. En-dessous, on voit la vierge philosophique du philosophe Solidonius : «Comme une jeune princesse abandonne ses riches habits le soir des noces pour se montrer à son mari dans toute sa nudité virginale et somptueuse, de même la pierre abandonne une à une ses couleurs admirables pour ne conserver que l'incarnat transparent de son corps exalté, en comparaison duquel la plupart des sages considèrent que le rouge même est faux.» (Canseliet)

40ᵉ 50ᵉ
7 7
60 350

50.
50.
30. Semaine
7
110.

Enfin quand le ☿ est animé
dans les proportions que le
chaque partie d'☉ luy donne a
de ☿ animé. vous neu me
votre oeut que 4 of qu
ou 1. on. qui sera fa
proportion dans partie
est 15. of ½ 2. p. d'☉ a
de ☿

1 mers
2 mois

Philalethe dit qua prendre que le M A est fait, on est
Le maistre de ne prendre quun peu pour mettre
dans vos oeus proportionnes

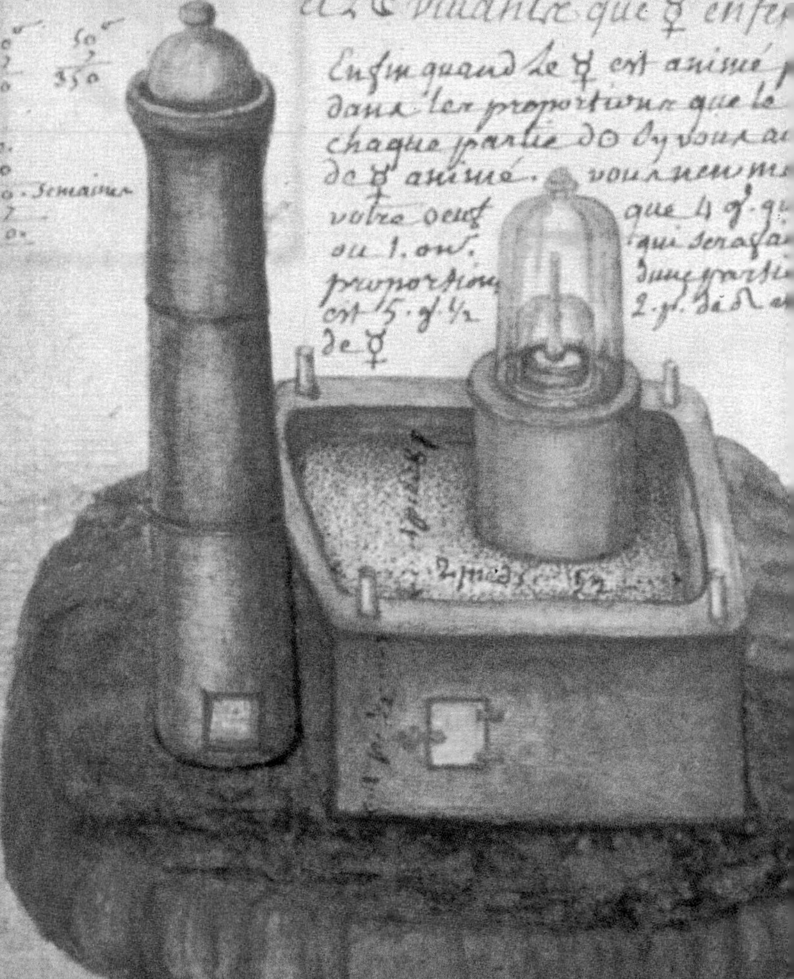

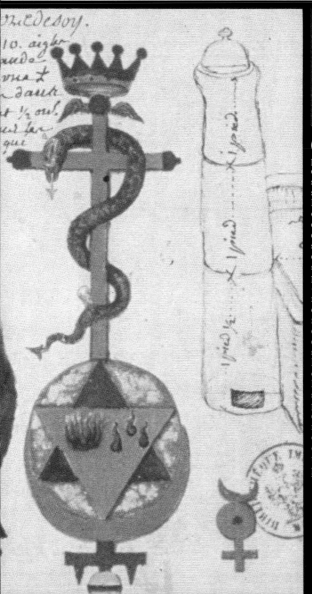

On voit ici, structuré en deux parties, le schéma opératoire de la voie sèche. A gauche sont les deux fours : l'un est haut, en forme de tour, destiné aux calcinations, conjonctions et séparations; l'autre est construit pour un système de cuisson particulier, appelé «bain de sable», réservé aux opérations qui réclament un régime de chaleur doux et constant, c'est le four où s'accomplissent toutes les longues opérations d'assation. A droite la vision synoptique, si célèbre qu'elle a pris pour nom «le serpent crucifié de Flamel», réunit dans le symbole du couple antinomique de soufre et de mercure tout le Magistère de la pierre philosophale.

De la cabale hermétique au Gay Sçavoir

Profondément distincte de la kabbale hébraïque, avec laquelle toutefois elle trouve quelques analogies méthodologiques, la cabale des œuvres hermétiques prend origine dans le goût bien médiéval pour l'expression polysémique, symbolique et allégorique.

In Gehenna Nostra Ignis Scientiæ

Caldithi Humiditas Aiger Occulta Siccitas

Répandue partout, elle trouva la plus grande faveur auprès des auteurs français. Dès le troisième siècle, elle devint la base linguistique des principales œuvres alchimiques, et ceci jusqu'à nos jours. Fulcanelli fait remonter le mot au grec Καρβαν (Karban) – qui parle un langage incompréhensible – et, en effet, la référence au grec, au sens étymologique de certains vocables dans le grec antique en particulier, est une constante de la cabale. En somme, la raison de toute la cabale hermétique fut de viser l'ésotérisme le plus absolu, en greffant sur les méthodologies classiques, dans les traités alchimiques, un système linguistique hybride fait des assonances qui détournaient les mots d'usage courant. Il fallait ainsi lire non seulement selon le «sens commun» mais aussi suivant les sens que les mots, par affinité phonétique, pouvaient prendre dans l'antique idiome hellénique.

Toutefois, parmi les règles de la cabale, la principale fut… de n'en avoir pas!

Approfondissant notre examen, il apparaît combien souvent la véritable signification alchimique d'un mot ou d'une phrase ne se donnait à extrapoler que

L a magie du mot se déploie avec puissance dans les acronymes, vocables porteurs en eux-mêmes de significations desquelles, comme par prodige, d'autres sens se développent en strates, menant ainsi à la connaissance. Ce fut un des artifices littéraires favori des alchimistes.

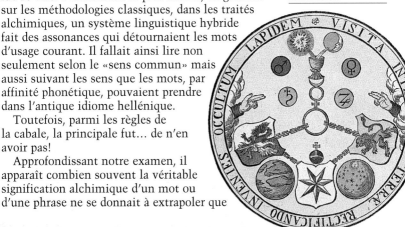

TERRA

Terra Ecarerterum Reacplrendum Resolute Auerfestioum

sectionnant et recomposant, selon l'usage des calembours et des anagrammes divertissants. Voici donc pour quelles raisons les anciens purent nommer l'alchimie la Gaie Science ou Gay Sçavoir.

Qu'on n'en doute pas, il y avait certainement dans la conjugaison de tous ces effets de quoi conférer à n'importe quel traité alchimique la nature d'un véritable casse-tête!

Seul qui possédait les clés avait la possibilité de comprendre, d'opérer les distinctions voulues, et d'en retirer ainsi les enseignements recherchés pour la pratique en laboratoire. Comment en effet un profane eût-il soupçonné que derrière l'œuvre intitulée _Amilec ou la graine d'hommes_, se cachait en réalité un travail alchimique dont le vrai titre, par anagramme, se lisait Alcmie – c'est-à-dire, dans la cabale, Alchimie – ou la crème d'Aum, ou que l'œuvre fût le traité des instructions pour procéder à l'extraction de l'esprit contenu dans la matière primitive, ou Vierge philosophique, sous le signe analogique de la Vierge céleste?

Arrêtons-nous un instant à songer que la dénomination la plus usitée de la cabale hermétique auprès des anciens fut : «langue des oiseaux». N'est-il pas tentant de penser que c'est peut-être en appui de leurs opérations que les frères mineurs, si versés dans cet art sacré, diffusèrent la légende d'un saint François qui comprenait et parlait le langage des oiseaux?

L e grand Paracelse (ci-dessous) serre dans ses mains le secret de l'Azoth ou Mercure des philosophes, indubitablement la plus grande inconnue dans toute l'alchimie. La connaissance de celui-ci repose sur l'étude du volume cabalistique et ainsi l'illustration semble vouloir répéter l'avertissement d'Eudoxe : «Ne vous effrayez pas à ces expressions singulières; notre art est cabalistique» (Limojon de Saint-Didier).

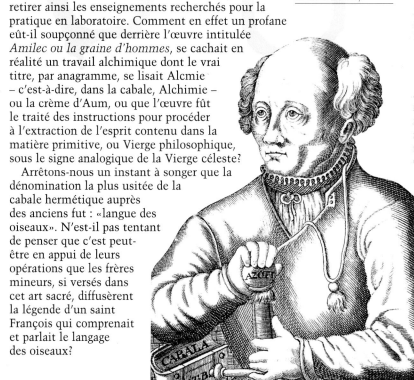

AZOTH

CABALA

S.T.B.

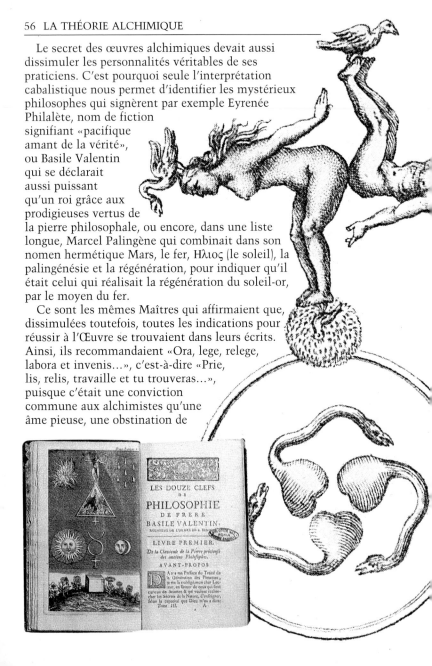

Le secret des œuvres alchimiques devait aussi dissimuler les personnalités véritables de ses praticiens. C'est pourquoi seule l'interprétation cabalistique nous permet d'identifier les mystérieux philosophes qui signèrent par exemple Eyrenée Philalète, nom de fiction signifiant «pacifique amant de la vérité», ou Basile Valentin qui se déclarait aussi puissant qu'un roi grâce aux prodigieuses vertus de la pierre philosophale, ou encore, dans une liste longue, Marcel Palingène qui combinait dans son nomen hermétique Mars, le fer, Ηλιος (le soleil), la palingénésie et la régénération, pour indiquer qu'il était celui qui réalisait la régénération du soleil-or, par le moyen du fer.

Ce sont les mêmes Maîtres qui affirmaient que, dissimulées toutefois, toutes les indications pour réussir à l'Œuvre se trouvaient dans leurs écrits. Ainsi, ils recommandaient «Ora, lege, relege, labora et invenis...», c'est-à-dire «Prie, lis, relis, travaille et tu trouveras...», puisque c'était une conviction commune aux alchimistes qu'une âme pieuse, une obstination de

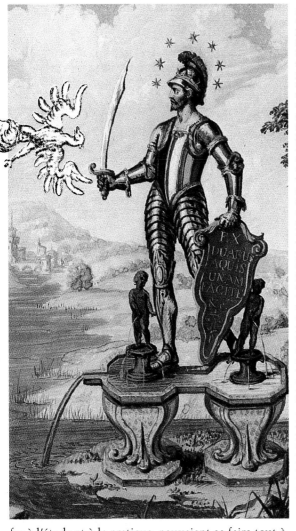

Schroeder disait : «Lorsque les philosophes parlent sans détour, je me méfie de leurs paroles; quand ils s'expliquent par énigmes, je réfléchis.» Il y avait de multiples motifs à telle obscurité de langage, de nature morale, culturelle et religieuse. Il semble toutefois que le principal résidait dans la seule vertu évocatoire propre à ce type d'expression, comme si l'effort nécessaire pour élucider était à même d'amener les illuminations véritables. «C'est parmi ces contradictions et parmi ces mensonges apparents que nous trouverons la vérité, c'est parmi ces épines que nous cueillerons la rose mystérieuse. Nous ne pourrons pénétrer dans ce riche jardin des Hespérides pour y voir l'arbre doré et en cueillir les fruits précieux sans avoir tué le dragon qui veille toujours et en défend l'entrée. Nous ne pouvons aller à la conquête de cette toison d'or sinon dans les bourrasques et les écueils de cette mer inconnue, en courant entre les rochers qui choquent et se brisent et après avoir anéanti les monstres épouvantables qui la gardent.» (Salomon Tismosin)

fer à l'étude et à la pratique, pouvaient se faire tout à la fin les véritables clés aptes à ouvrir grandes les portes de la vérité au néophyte. Il n'en va pas moins de soi que l'enseignement de la voie droite par un Maître constituait indéniablement un avantage.

Les illustrations des traités ont la garde des significations profondes, révélées à qui est disposé à les méditer longuement. Le frontispice du *Triomphe hermétique* (à gauche), en plus de dévoiler dans le symbole des trois couronnes la triple scansion du Grand Œuvre, met en évidence le plan astral de la saison propice aux travaux et montre aussi clairement comment le «feu de l'art» est nourri dans le matras alimenté par le rayonnement du Soleil et de la Lune. Non moins frappante, la septième clef de Basile Valentin (ci-contre) illustre éloquemment la première parmi les opérations du mystère philosophique; dans le règne de Saturne, le grand vieillard de pierre parle : «Je suis vieux, faible et malade (...). Le Feu me tourmente trop et la Mort déchire mes chairs et rompt mes os (...). Mon Ame et mon Esprit m'abandonnent. Cruel poison, je suis égal au Corbeau noir (...). Dans mon Corps se trouvent le Sel, le Soufre et le Mercure. Que ceux-ci soient comme il convient sublimés, distillés, séparés, putréfiés, coagulés, fixés, cuits et lavés, afin qu'ils soient bien nets de leurs déchets et de leur saleté.» (*Les Douze clefs de la philosophie*)

L'initiation alchimique

C'est tout le contraire que nous pouvons observer de nos jours : de toutes parts, on propose des modèles auxquels tous – qui plus, qui moins – cherchent à s'adapter. Analysant les vies des plus célèbres alchimistes, nous voyons comment ceux-ci, tout en suivant une discipline aussi unitaire et immuable que la Nature et le Temps eux-mêmes, à la fin montrent autant de caractères uniques, indiscutablement. La comparaison marque aussitôt les disparités; le cénobite Rupescissa ne ressemble en aucune manière à l'image que

l'histoire conserve de Limojon de Saint-Didier; les situations de Nicolas Flamel et Jacques Cœur font un contraste extrême, l'un humble copiste, l'autre, banquier. De tels éléments confirment que l'alchimie n'imposait d'itinéraire qui ne fût dicté par la pratique du laboratoire.

Si méticuleusement que l'on scrute les faits connus de ces existences, il semble bien qu'un seul les rapproche : ils étaient tous initiés. Au-delà des distances de temps et de lieu, ils se considéraient inconditionnellement comme frères.

En quoi consistait l'initiation alchimique? Il est difficile de le dire; tout ce qu'il nous est permis de déduire est qu'elle ne correspondait presque jamais aux descriptions qu'on a communément associées à ce mot. Parcourant les témoignages des principaux

Le four est le cœur du laboratoire, où s'effectuent toutes les opérations, le théâtre de l'action du feu naturel, des fusions, des calcinations et des «lavages», qui ont toujours lieu, en alchimie, par le feu : «En effet, il ne faut oublier que le feu, c'est-à-dire l'élément de la chaleur et de la flamme, artisan capital, intervient dès le premier pas de la longue et patiente élaboration philosophale.» (Canseliet)

Adeptes, on ne trouvera aucune mention de ces rituels compliqués qui caractérisent au contraire presque toutes les fratries de plus bas lignage. La première application requise du néophyte demandait qu'il se fît simple comme la Nature qu'il voulait suivre. Il devait jurer, en outre, de garder le secret sur les connaissances qu'il valait mieux réserver à un petit nombre d'initiés. Tout le reste était vraiment inessentiel.

Il arrivait toutefois, très rarement, que l'on parvienne à pénétrer les mystères de l'Art sacré de son propre effort, assisté de la seule lecture des livres. D'ordinaire, la tâche laissait bien trop d'interrogations pour le chercheur solitaire s'épuisant à former le montage cohérent des notions «curieuses» des Adeptes.

Parfois des illuminations ou des révélations d'origine divine, à en croire les récits, avaient permis aux aspirants fervents de réussir. Pour la plupart pourtant, la Grande Recherche rendait impérative la rencontre avec un Maître «charitable» capable de l'initiation et accompagnant les premiers rudiments des opérations.

«Les Philosophes ne font pas mystère de leur volonté réfléchie d'écarter les indignes. Ils savent que ceux-ci sont privés, à la base, de l'efficiente grâce de la vocation et, par conséquent, de l'amour, du courage et de la patience nécessaires. Le grand effort à fournir les arrête bientôt sur le seuil du palais royal dans lequel on n'entrera jamais au débotté. Au fond, la Vérité est simple [...] "Elle ne se trouve que dans la Nature et l'on ne la doit dire qu'aux personnes de confiance".» (Canseliet) Dès lors : «Les scrutateurs de la Nature doivent être tels qu'est la Nature même, véridiques, simples, patients, constants, etc., et, ce qui est primordial, pieux, craignant Dieu, ne nuisant pas au prochain.»
(Cosmopolite)

Renaître philosophe...

Ainsi, c'est par l'imagination qu'il nous faudra prendre la clé du mystère, pour pénétrer dans un laboratoire et scruter cette scène qui se dévoile à nous, par une nuit paisible de printemps, il y a de cela des années et des années...

Voici l'auguste vieillard, le maître, et voici son dévot élève, avide de savoir. Le silence est tombé dans la pièce éclairée par une faible lueur d'opale. Les instruments de l'opération sont là, on voit quelques livres sur une modeste étagère. Le moment est solennel. Le feu du fourneau brûle, alimenté par le soufflet. L'attention entière de l'élève est tendue vers les instructions de son guide, engagée dans ses gestes mesurés. Le serment des Frères en Hermès a déjà été prononcé et l'élève attend maintenant les ordres précis pour opérer. Il sait que de ce moment il ne sera plus le même. Il connaît les matériaux, il sait les temps et les opérations; ce qu'il y avait avant, son nom, sa personnalité, ne signifient plus rien puisqu'il est sur le point de tuer par le feu le dragon vénéneux! Ce qui transit son attente, c'est qu'avec la matière bientôt livrée au martyre du feu, dans le creuset, est aussi sa plus intime substance; il est près de mourir lui-même pour renaître philosophe...

Une chose devait lui rester claire : rien ici ne faisait un but. Même si souvent il avait fallu des années d'étude et de patiente recherche pour y parvenir, ceci était en réalité un authentique point de départ, le début d'un voyage périlleux. Rien n'était promis, sinon la fatigue dans la voie jonchée d'embûches et de défaites. Toutefois la récompense du succès pouvait être énorme; un prix ignoré du commun mais inestimable pour le bon philosophe : l'incarnation du logos! L'épiphanie de l'Esprit! Et avec ceux-ci, enfin, la paix.

Un manuscrit conservé à la Bibliothèque Marciana de Venise donne cette formule fascinante du serment dicté, selon la légende, par Ammaël à Isis, femme d'Osiris : «Je jure par le ciel, par la terre, par la lumière, par les ténèbres; je jure par le feu, par l'air, par l'eau et par la terre; je jure par la hauteur du ciel, par la profondeur de la terre et par l'abîme du Tartare; je jure par Mercure et par Anubis, par les aboiements du dragon Chercouroboros et du chien tricéphale Cerbère, gardien de l'enfer; je jure par le nocher de l'Achéron; je jure par les trois Parques, par les furies et par la massue de ne révéler ces paroles à nul sinon mon fils noble et charmant. Et maintenant va, cherche l'agriculteur et demande lui quel est le grain et quelle est la récolte. De lui tu apprendras que qui sème le blé recevra le blé, qui sème l'orge recevra l'orge. Cela te conduira à l'idée de la création et de la génération; souviens-toi que l'homme fait naître l'homme, le lion fait naître le lion, que le chien reproduit le chien. C'est ainsi que l'or produit l'or, et voilà tout le mystère!»

Obtenir, grâce à une suite d'opérations secrètes, cette substance extraordinaire qui réalisait dans le concret le degré d'illumination spirituel qu'avait atteint l'alchimiste, telle fut la quête perpétuelle de l'Art sacré. Les Maîtres anciens avaient fait de son nom le synonyme d'un élément surnaturel, d'un objet céleste, dont le titre est... Pierre philosophale.

CHAPITRE III
LA PRATIQUE DE L'ALCHIMIE

La voie hermétique se distingue de toutes les autres formes de théorie de la connaissance par son caractère opératoire. «Elle ne se formule pas mais se réalise : il s'agit donc d'une Œuvre et non d'une dialectique philosophique…» (Scwaller de Lubicz). L'ange (ci-contre) indique toutefois que sa connaissance est proscrite à qui ne brise les chaînes et ne possède les clefs des mystères.

«On appelle Pierre philosophale la Pierre des Sages la plus antique, la plus secrète ou inconnue, incompréhensible d'après la nature, céleste, bénie et sacrée. On dit qu'elle est vraie, et plus certaine que la certitude elle-même, arcane de toutes les arcanes – vertu et puissance de la divinité, cachée aux ignorants, terme et but de toutes les choses qui sont sous le ciel, conclusion définitive et merveilleuse des travaux opératoires de tous les Sages – elle est l'essence parfaite de tous les éléments, le corps indestructible qu'aucun élément ne peut entamer ou abîmer, la quintessence; elle est le mercure double et vivant qui a en lui-même l'esprit divin – le traitement de tous les métaux faibles et imparfaits – la lumière sempiternelle – la panacée de tous les maux – le glorieux Phénix – le plus précieux de tous les trésors – le bien le plus important de toute la Nature.» (*Musæum Hermeticum*)

Tous les grands Maîtres s'accordent à affirmer que le Magistère de la Pierre philosophale doit s'accomplir par l'usage d'un seul corps qui, de sa nature et aidé de l'Art de l'opérateur, meurt d'abord pour renaître de ses cendres. C'est la raison pour laquelle on employa toujours la figure allégorique du Phénix (à gauche), l'oiseau mythique qui s'élève du feu qui l'a consumé, comme premier symbole de la Pierre philosophale : il est le corps neuf que le philosophe par le feu, au terme de la longue et complexe chaîne des opérations, pouvait extraire de l'athanor, son four sacré.

La Pierre philosophale

Les alchimistes désignaient du nom de Pierre philosophale le produit de l'Art qui accomplissait la suite entière des opérations. Elle signifiait la perfection manifeste des efforts du philosophe, c'est-à-dire la matérialisation de l'Esprit.

Bien sûr, la culture officielle devait rester sans preuve qu'aucun alchimiste ait jamais réussi dans une telle entreprise. Dans la littérature alchimique, les très nombreuses descriptions de la substance suprême sont pourtant toutes

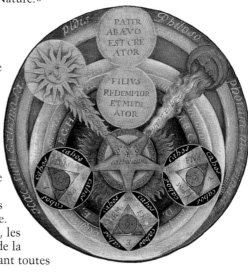

L'alchimiste divinisé, maître de la nature, se repose enfin dans la sereine harmonie du créé. Il tient dans ses mains la triple rose de la science hermétique. Son visage souriant, représenté comme un soleil, est symbole de Lumière et source d'illumination. Au loin, dans le ciel clair derrière les collines douces, l'aurore s'annonce, qui est l'aube de sa nouvelle existence. Arrivé au terme de ses efforts, il «n'ignore plus, maintenant, que la Pierre philosophale est l'enjeu du Grand Œuvre, qu'elle est la Médecine universelle et non pas seulement l'agent de la transmutation des métaux inférieurs en argent ou en or. Il sait qu'elle dote l'Adepte (*adeptus*, qui a atteint ou obtenu) de la vie éternelle, de l'infuse connaissance et des richesses temporelles, au sens le plus absolu de ces trois vocables et de leurs épithètes.» (Canseliet) En lui résonnent encore les paroles de Crassellame : «Prenez soin de comprendre la pierre des philosophes, en même temps vous aurez atteint le fondement de votre santé, le trésor des richesses, la notion de la vraie sagesse naturelle et la connaissance certaine de la nature.» (*Lux obnubilata*)

d'une concordance surprenante. Et, que dire des quelques spectateurs érudits dont les textes, sans motif qu'on soupçonne leur bonne foi, livraient des témoignages enthousiastes?

La langue sacrée indiquait sa puissance en faisant de la Pierre philosophale la pierre qui porte le signe du soleil. Son signe solaire se caractérisait aussi par la couleur rouge changeante. Telle elle paraît dans les mots de Basile Valentin : «Sa couleur est d'un rouge incarnat tirant vers le cramoisi, ou couleur rubis allant vers la couleur du grenat; quant à son poids, elle pèse bien plus qu'on ne dirait d'après sa couleur.» De tels détails tendent à montrer que, par nature, la Pierre ressemblait peu à rien que l'on connût. Elle aurait ressemblé en fait à un corps cristallin, bien que sa pesanteur la rapprochât typiquement des corps métalliques.

Mais poursuivons; le Cosmopolite approfondit sa description en évoquant son aspect, sa forme et son degré de fusibilité : «Si l'on trouvait notre sujet à son dernier stade de perfection, fait et composé par la nature, il devrait être fusible comme la cire ou le beurre (64° C) et sa couleur rouge, son caractère diaphane et limpide devrait apparaître extérieurement; alors ce serait en effet notre pierre bénie.»

«A ces caractéristiques physiques – affirma Fulcanelli – la pierre unit de puissantes propriétés chimiques, la puissance de pénétration, la fixité absolue, l'inoxydabilité qui la rend incalcinable, d'une extrême résistance au feu et enfin d'une indifférence parfaite aux agents chimiques.»

C'est sa possession – ainsi voulait la Tradition – qui élevait le simple initié au rang d'Adepte; presque tous les auteurs en décrivent les bienfaits. Lorsqu'il avait enfin obtenu la Pierre, l'Adepte pouvait brûler les livres! Il ne demeurait plus rien qu'il pût apprendre ou désirer. L'acquisition du don de Dieu promettait de lui conférer la richesse, la santé éternelle et la connaissance réelle.

Souvent protégés par les puissants qui espéraient obtenir d'eux des richesses par la transmutation, les alchimistes étaient contraints aux démonstrations publiques du résultat de leurs recherches. Ce fut une des raisons du secret entretenu

La transmutation des métaux, le remède universel et l'élixir de longue vie.

On ferait donc erreur de continuer à croire que les alchimistes cherchaient simplement à fabriquer l'or. La transmutation des métaux vils en ce métal plus parfait n'était que l'une des vertus dont disposait l'Adepte en possession de la Pierre philosophale.

A quelles applications les Maîtres proposaient-ils d'employer la Pierre? Il suffisait d'orienter sa

par les Adeptes de l'alchimie. Ci-dessus, Sendivogius opère une transmutation en présence de l'empereur Rodolphe II à Prague. Ce dernier, figure singulière de la Renaissance, intéressé d'art hermétique, s'en fit lui-même l'ardent défenseur.

puissance en direction
du règne dans lequel on
avait résolu d'opérer une
transformation... Parce
que dans sa fabrication
étaient intervenus en même
temps des éléments d'origine
minérale, métallique et
spirituelle, suivant les préparations
adéquates, la Pierre philosophale
pouvait tour à tour agir sur les
hommes, sur les animaux et sur
les végétaux aussi bien que
sur les métaux.

A l'état solide, lorsqu'elle avait
fermenté en fusion directe avec l'or et
l'argent les plus purs, c'était la Poudre
de projection, une masse translucide
pulvérisable, rouge ou blanche selon
le métal utilisé, qui servait
exclusivement à la transmutation
des métaux. Cette poudre, projetée
dans le creuset sur un métal vil,
avait en effet la propriété d'en
altérer l'essence et d'effectuer
sa transmutation.

Dans sa forme saline,
elle accomplissait
une variété d'usages
spécifiques dans
les règnes animal
et végétal; à tous
les niveaux, elle
constituait le
Remède universel
capable de guérir
les maladies, de
conserver la santé
et de développer
prodigieusement
la croissance des
végétaux. En solution
mélangée à l'alcool, c'était

L'Œuvre au
blanc est l'état
de perfection
intermédiaire
de la Pierre
philosophale.
A son propos, les
alchimistes citaient
souvent l'Apocalypse :
«Au vainqueur je
donnerai une pierre
blanche.» Northon
dit en parlant d'elle :
«Elle déprend l'homme
de la gloire vaine,
de l'espérance, de la
crainte. Elle arrête
l'ambition, la violence
et l'excès des désirs.
Elle adoucit les plus
pénibles adversités.
Dieu mettra près
de ses saints les
initiés de notre
art.» (*Crede
mihi*)

Tous les textes alchimiques traitant de la dernière partie du Magistère de la Pierre philosophale rapportent que, dans l'athanor, à l'intérieur de l'œuf philosophique, la matière en cuisson subit une variation chromatique remarquable, preuve de la réussite de l'Œuvre et des variations de la substance. La couleur est ainsi le miroir de la transmutation de la matière par l'agent spirituel : le «compost» est d'abord noir (*nigredo*), puis il devient blanc (*albedo*), il vire ensuite au jaune (*citrinitas*) et atteint enfin le rouge (*rubedo*) lorsqu'il est parvenu à l'état le plus parfait. Les Adeptes affirmaient que la Pierre permettait de réaliser la transmutation métallique : pour en témoigner, ils firent frapper des monnaies d'or et d'argent (dites) philosophiques (ci-dessous), c'est-à-dire créés par l'alchimie à partir du plomb.

la seule et véritable *acqua vitae*, l'or potable, l'élixir de longue vie des alchimistes orientaux.

Susceptible d'une multiplication infinie, elle changeait aussi de forme et, au lieu de retourner à l'état cristallin, une fois refroidie elle restait fluide éternellement, d'elle-même luminescente – source de lumière, et aussi de l'illumination de l'alchimiste.

Ainsi se trouvaient donc réunis, selon l'explication d'Eugène Canseliet, les trois dons que portaient les Mages d'Orient au Sauveur! Voici la pierre qui offrait à l'Adepte le triple don de l'or – c'est-à-dire la richesse –, de l'encens – symbole de la sagesse divine – et de la myrrhe – substance qui, selon l'antique tradition égyptienne, accordait l'immortalité.

Mais ces promesses appartenaient à la dernière phase du travail : auparavant, il avait fallu un long chemin expérimental et le recours à de nombreux procédés secrets difficiles à réaliser. C'est l'ensemble des efforts immenses que la tâche réclamait de l'alchimiste qui reçut le nom de Grand Œuvre.

Le Grand Œuvre

Dans cette dénomination,
les alchimistes entendaient
bien plus qu'une simple suite
d'opérations. Grand Œuvre :
la recherche des traités, leur
acquisition et leur attentive
lecture l'étaient bien déjà;
Grand Œuvre étaient bien les
nuits sans sommeil, de prière
en vue d'une révélation.

Grand Œuvre encore, l'acte de
scruter le monde avec des yeux
différents l'était certainement :
«exultant à regarder autour de
soi, soulevant une glèbe
odorante, à cueillir un fruit,
à contempler les irisations
de bijoux ou de cascades, la
splendeur d'un incarnat humain,
d'une fourrure ou d'une
fulgurante coulée de métaux»
(Zolla), et commençant ainsi
de comprendre «la présence qui
anime, qui a pétri et continue
de pétrir ces matières, et tantôt
les serre et les durcit dans son
poing, tantôt les brise en
miettes et les fait couler,
liquides, entre ses doigts, tantôt
encore les caresse et les fait
briller», sensible à la subtile
harmonie qui animait le tout.

«Le secret de l'art alchimique
et de toute sagesse était déjà
contenu dans la capacité de
pressentir avec exaltation cette
main diligente, invisible aux
distraits et aux tristes.»

En définitive, le Grand Œuvre
rassemblait la synthèse de
l'attitude titanique par laquelle

le simple homme atteignait au rang de démiurge dans son propre microcosme. Il lui fallait s'emparer d'une matière en soi chaotique, la purifier et la ranimer afin de la rendre propre à s'imprégner ensuite de l'Esprit; il fallait séparer, distribuer et mettre en valeur les natures diverses dont elle était formée, puis les conjuguer à nouveau en une unité harmonique, spiritualisation définitive qui muait la matière en la Pierre philosophale.

Ainsi, considérant l'ensemble des activités qui entraient sous cette appellation, il faut comprendre que le Grand Œuvre désignait comme son synonyme l'alchimie elle-même, exprimant son essence de savoir sacré et symbolique, la logique qui établissait son art en un système philosophique définitif.

C'est cette ambition et son approche caractéristique qui font la valeur synthétique des

L'alchimiste, à gauche, contemple dans sa structure unitaire et harmonique tout l'Œuvre philosophal, tous les aspects occultes et manifestes qui valent à celui-ci l'épithète de «Grand». Au centre, le sujet minéral élu est représenté allégoriquement comme un crapaud noir. On rencontre d'autres fois la tortue, ou encore le dragon couvert d'écailles, sans que le sens en soit changé : il demeure celui d'une «antinomie qui est dans les parties de Saturne et, dans tous ses modes, de la nature» (Artephius). Il s'agit du «Chaos qui est comme une terre minérale, lorsque l'on considère sa coagulation, et toutefois est un air volatile parce qu'à l'intérieur, en son centre, est le Ciel des philosophes» (Philalète). De fait, «au début de la création, l'artiste, à la manière même de Dieu, doit disposer de la matière dans son chaos» (Canseliet). Il ressemble de plus d'une manière au grand vieillard du microcosme métallique qui, la planche voisine l'indique, doit être purifié plusieurs fois, lavé dans un bain igné afin que soient séparées ses parties volatiles.

phrases écrites dans le *Theatrum Chemicum* :
«Je ne dois jamais me demander avec anxiété si je
possède vraiment ce précieux trésor. Plutôt, je dois
me demander si j'ai vu comment a été créé le monde,
si je connais la nature de l'obscurité égyptienne,
si je sais quelle est la cause de l'arc-en-ciel, quel
sera l'aspect des corps ressuscités dans toute leur
gloire au jour de la résurrection universelle.»

Nostrum non est opificium, sed opus naturæ,
aimaient à dire les Maîtres, puisque le travail de
laboratoire devait vraiment répéter les mêmes

Peu de traités
alchimiques sont
aussi révélateurs que
celui qui a été intitulé
par la volonté de son
auteur *Mutus Liber*,
le livre muet. Ses
planches contiennent
la description précise
de tous les composants
de l'art alchimique.
La planche à gauche
montre le couple
philosophique
récoltant la «rosée».
Entre les astres du
jour et de la nuit,
un éventail immense,
nettement composé
des rayons différents
de fluide ondulatoire
et d'innombrables
particules, descend
pour prêter, dans les
nuits de printemps (la
scène est située entre
le Taureau et le Bélier),
son pouvoir vivifiant
nécessaire aux travaux
de l'agriculture céleste
(c'est ainsi qu'on
nommait aussi
l'alchimie) et terrestre.
La planche de droite
montre le corps
glorieux s'élevant dans
le ciel. L'échelle des
sages a été parcourue
et les anges portent
sur la tête de l'Adepte
victorieux la couronne
des héros et des poètes.
Au-dessus d'eux, le
soleil illumine la scène
du rayonnement de la
sagesse.

circonstances qui avaient accompagné la grande œuvre du Créateur. Le leur était réglé suivant les lois naturelles secrètes et profondes, modulé par le rythme des saisons, patient à attendre les conditions extérieures favorables. Il s'agissait que l'Univers, le ciel et la terre, les étoiles et les planètes soient mis en jouissance par l'opération de l'alchimiste, afin que dans le mouvement de leurs sympathies ils entrent en contact avec son microcosme minéral, l'envahissent et l'élisent comme contenant de l'Esprit de vie.

Il paraît bien à présent combien est réducteur le constat limité aux simples aspects expérimentaux, dans cette vision du microcosme réalisé, révélatrice des plus profonds mystères du créé. Ignorer, par ailleurs, qu'à une telle forme de savoir un échange opératoire soit intimement nécessaire, c'est également faire fausse route.

Les deux voies

C'est donc un ensemble de caractéristiques transcendantes et opératoires qui définit l'alchimie dans l'aspect d'une «métaphysique expérimentale», comme l'a désignée Canseliet. Elle se fit le système secret d'une théorie de la connaissance – une gnoséologie pratique – en laquelle la suite des opérations répondant à une infinité de facteurs pouvait générer quelque chose de miraculeux.

Quels étaient donc les procédés précis mis en œuvre par les alchimistes pour obtenir cet événement extraordinaire?

D'après les descriptions qui nous demeurent de leurs préparatifs et de leurs travaux – certaines extrêmement synthétiques, d'autres assez prolixes – il faudrait

"S'il reste un point de l'Œuvre restant, sans doute, le plus caché par les auteurs, c'est bien celui des conditions qui sont à observer pour sa réalisation positive [...]. Car il y a ceci que l'étudiant se doit de ne pas oublier, c'est à savoir que le travail relève autant de l'action physique éloignée, que de la transformation physique immédiate.» (Canseliet) C'est pourquoi les traités moins «envieux» tendent toujours à préciser les conditions astrales favorables pour opérer : ici aussi, dans la planche à droite, nous sommes sous le signe du Bélier, période en laquelle, dans les nuits étoilées, l'influx céleste est le plus puissant.

Raphaël Custodis. ſcalpſit.

Stephan Michelspacher Ex:

La scène de laboratoire (ci-contre) montre les voies de la double élaboration philosophale. A droite, l'artiste opère sur la voie sèche : on voit les creusets et les instruments destinés aux périlleuses opérations métallurgiques. L'opérateur de la voie humide, à gauche, déçu et soucieux, regarde méditatif le ventre éclaté d'un gros matras; autour de lui paraissent les divers appareils distillatoires en verre et en brique.

rendre compte d'une multiplicité d'approches opératoires. Pourtant, il reste certain que l'enchaînement des procédés était constant; les variations de cette progression fixée en trois phases tenaient, elles, aux différentes manières qui se proposaient pour l'action.

Certains alchimistes pratiquèrent et étudièrent longuement la voie appelée «voie humide». D'autres, en grand nombre, avaient préféré la «voie sèche».

La voie humide, nommée aussi manière longue en raison du temps qu'elle réclamait, faisait mûrir l'«œuf philosophique» en une balle de verre cristallin luté – c'est-à-dire bouchée – au moment propice. Cette méthode permettait de contrôler de vue les diverses phases – et ainsi s'offrait à l'alchimiste le spectacle de ce qu'il nommait la «queue de paon» : le résultat concret, la répétition du changement chromatique, indiquant la réussite parfaite de la cuisson de l'amalgame philosophal, la véritable transformation de la matière.

Bien des alchimistes, comme si l'une et l'autre eussent été en fin de compte une même chose, ont poursuivi l'expérimentation constante dans les deux voies, parfois même simultanément. Voici les paroles d'un «philosophe» : «Dans les deux voies, la sèche et l'humide, ce qui est le plus à craindre est, dans la première, l'assèchement des eaux. L'une brûle et dessèche, l'autre anéantit ou corrompt. Dans les deux cas, la Nature, au lieu de remettre le matériau proposé, en offre un autre qui n'est plus l'Œuvre.» (Etteila)

La voie sèche, en revanche, était considérée la façon de procéder des moins favorisés; on l'appelait aussi manière brève. Ce qui la distinguait de la première était l'usage constant du creuset. La méthode usitée s'inspirait étroitement des techniques de l'art métallurgique et s'appuyait essentiellement sur le principe de la fusion.

C'est le *modus operandi* qu'empruntèrent Nicolas Flamel et Eyrénée Philalète, aussi bien qu'un grand nombre de Maîtres. Dans une époque encore récente, Eugène Canseliet s'est attaché à la décrire avec érudition.

Les phases expérimentales du Grand Œuvre

Lorsqu'il s'agit d'examiner dans le détail l'enchaînement des opérations pures, le savant engagé dans cette investigation se trouvera dans un grand embarras. Nous l'avions déjà vu : voici justement le terrain le plus secret de toute l'alchimie!

Quelle est la matière que les alchimistes avaient choisie pour point de départ? A quel moment recommandaient-ils qu'on débutât ces travaux et quand ceux-ci s'achevaient-ils? Dans quel nombre exact fallait-il répéter les opérations nécessaires?

Écoutons ce qu'en écrivirent les Adeptes. Selon Ruscepissa, «la matière de la pierre est une chose de peu de prix, que

Le dragon à trois têtes symbolise le matériau duquel on obtient, par diverses opérations usant du sel, les trois parties de l'Œuvre. La première réalise le mercure, la seconde le soufre et la troisième la Pierre philosophale.

l'on peut trouver partout…»; Morien lui fait écho, affirmant que : «Unique est la matière et en tout lieu les riches et les pauvres la possèdent; elle est inconnue de tous, elle est devant les yeux de tous; elle est méprisée du vulgaire qui la vend à peu de prix comme de la boue, mais le philosophe qui la comprend la tient pour précieuse.» Ces indications nous éclairent plutôt son

aspect spirituel; il semble d'autre part presque certain que les travaux des alchimistes employaient toujours un corps unique, d'origine certainement minérale. Fulcanelli paraît le confirmer : «Bien qu'entièrement volatile, ce mercure primitif, matérialisé par l'action desséchante du soufre à l'arsenic, prend l'aspect d'une masse solide, noire, dense, fibreuse, fragile et friable que sa pauvre utilité rend vile, abjecte et méprisable aux yeux des hommes.»

Comme le démontrent les phylactères que chacun des Maîtres de Doctrine déroule (ci-dessus), et qui convergent cependant dans la scène représentant au-dessous le laboratoire, il exista des milliers de descriptions différentes de la voie opératoire du Magistère. Elles sont toutes voilées par des symbolismes spécifiques et des images allégoriques qui dérivent de l'univers de référence le plus proche de chaque auteur. Néanmoins, il ne faut jamais perdre de vue que tous évoquent le même Œuvre.

Le moment fixé pour engager les travaux était crucial. Les nombreuses références au plan astrologique favorable indiquent que l'équinoxe de Printemps était la période canonique. Dans cette ambition de l'œuvre suivant la nature, quelle période pouvait se montrer plus propice, en effet, que celle établie depuis toujours par le Créateur lui-même pour voir renaître la terre? Par analogie, la conclusion des opérations était attendue à la saison estivale, quand tous les fruits parvenaient à leur maturité.

Dans ses lignes générales, le Grand Œuvre était clairement divisé en trois phases – ou Œuvres – distinctes, qui avaient pour fonction de produire – usant du sel – d'abord le principe mercuriel, puis celui du soufre. Après leur réunion, il restait à opérer la «grande coction» – ou cuisson – et de là on obtenait enfin la Pierre. A l'intérieur des phases, toutefois, les procédés employés ont varié considérablement d'un auteur à l'autre, selon sa connaissance du patrimoine symbolique.

Les descriptions d'Albert le Grand indiquent cinq passages : réduction des substances à leur «Première Matière»; extraction du soufre et du mercure; purification du soufre obtenu jusqu'à ce qu'il paraisse comme l'or et l'argent; préparation de l'«élixir blanc»; travail de l'élixir blanc jusqu'à sa transformation en «élixir rouge». L'ensemble était régi par quatre types d'opérations : décomposition, lavage, réduction, fixation.

Dans ces nombreux écrits, la littérature alchimique a entretenu le mystère sur le nombre des opérations dont devait consister chacune des trois phases. Pour certains, selon le parallèle avec les cycles des jours et des mois, les opérations variaient de sept à douze. Le témoignage de Canseliet est donc précieux : il affirme qu'il faut compter neuf sublimations – ou «aigles» – dans le Second Œuvre, et que la «grande coction» est achevée en une semaine, au terme de laquelle les gammes musicale et chromatique révéleront à l'artiste béni sa réussite, la naissance de la Pierre – l'événement de la conjonction parfaite dans le four et dans son esprit.

«Sans vouloir considérer les seules conditions extérieures, de beaucoup plus lointaines, la préoccupation simple de l'atmosphère immédiate, la nécessité du rituel bénéfique et purificateur, sont manifestes dans tous les meilleurs classiques de l'antique science d'Hermès où celle-ci prend en réalité rang d'art sacerdotal dans la pleine signification.» (Canseliet) Sans ce préliminaire accès philosophique, une grande partie des opérations alchimiques (illustrées dans les pages suivantes), et surtout la première partie du Grand Œuvre, «ne différeraient en rien des manipulations couramment effectuées dans les officines des artisans (des métaux).» (Canseliet) Voici pourquoi Philalète les évoque ainsi : «Que soient prises quatre parties de notre dragon igné qui, dans son ventre, cache l'Acier Magique, neuf parties de notre Aimant; mêle-les ensemble par le brûlant Vulcain, en forme d'eau minérale, sur laquelle flottera une écume qu'il faut rejeter. Ecarte la coquille et choisis le Noyau; purge-le à trois reprises, par le feu et le sel, ce qui se fera facilement si Saturne a regardé son image dans le Miroir de Mars.» (*Introitus*)

F. NATVRA MEDICINÆ I.

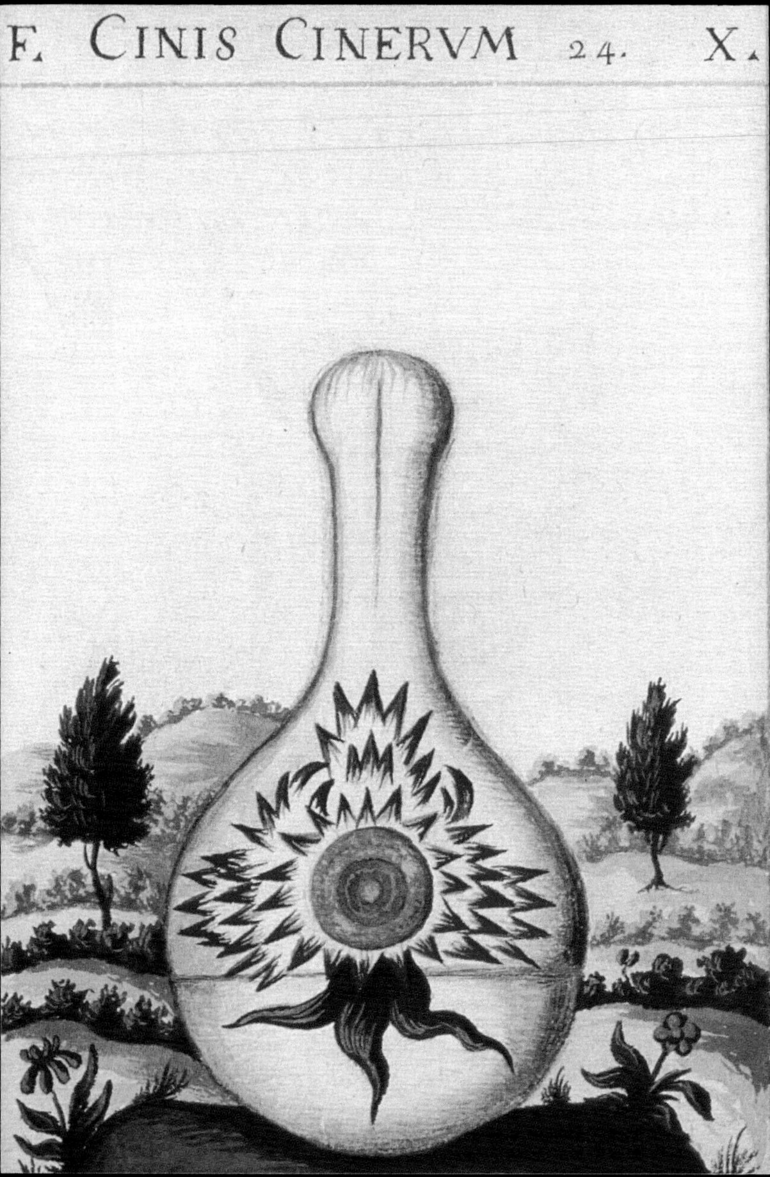
F. CINIS CINERVM 24. X.

Sous la direction experte du maître, les élèves s'appliquent à leurs opérations (ci-contre) : assis en bas à gauche, l'un vérifie l'exactitude des poids, l'autre debout devant le four brûlant opère directement sur le feu. Tout autour d'eux, alignés sur les étagères, sont les instruments : alambics et cucurbites, matras et ballons, soufflet de feu et tenailles, creusets, livres ainsi que le très précieux marteau de la «séparation».

Le laboratoire

Il doit à présent nous apparaître plus clairement à quel point la véritable figure de l'alchimiste s'éloigne de la représentation vulgaire de nécromancien du dimanche, de barbouillon dont s'est longtemps nourrie la littérature. Quelle désillusion s'offrirait aux yeux du visiteur moderne peu préparé à s'avancer dans le laboratoire alchimique!

«Mais comment! – s'exclamerait le crédule – Où sont les crânes et les os, où sont les boîtes enfermant les homuncules? Où sont les toiles d'araignées, la poussière? Où est l'alignement chaotique des cornues et des alambics? Où se cachent les pentacles, les formules d'exorcisme, les casiers d'où percent les yeux vitreux d'étranges animaux empaillés, représentants de puissances mystérieuses?» Cet apparat fabuleux restera un patrimoine des fictions littéraires, il survivra tout au plus dans l'imagination de quelque charlatan. Rien de tel n'attend notre visiteur.

Mais le lieu commun d'une autre légende pernicieuse entache encore l'alchimiste et il faut aussi l'en dégager. Elle affirme que le véritable atelier alchimique diffère de celui du banal souffleur par son ordonnance, distinguant le laboratoire proprement dit de son oratoire. Balivernes! La religiosité, la nature sacrée de l'alchimie ne pouvaient certainement être contenues dans une pièce!

L'alchimiste ne recherchait pas la foi; il en était empreint. Certes, il ne

L'alchimie est par essence «art de la musique» symbolisé ici par les instruments, entre les dimensions physique et métaphysique.

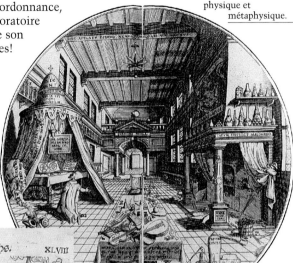

Des erften buchs.   XLVIII

Barnach foltu haben ôfen mit ein lange ror drei vier/ober fünff capelle/zů neckst am ror de vorgenent registre/bar durch des feur gross oder clein zůmachen. Barnach capelle vů registre im ofen ston. Des figur ßie ßot.

consacrait pas son temps aux pratiques de dévotion, mais il adorait le divin en adorant la matière créée, en la travaillant. En établissant un rapport d'identité avec la matière dans le concret, sa vocation était de la spiritualiser. Ainsi, dans toute son essence, l'activité

Dans ces divers appareils distillatoires, des fours en brique (au centre), l'on déposait les cucurbites de cuivre portant les alambics. Les spagiristes et les iatrochimistes employaient les mêmes instruments que les alchimistes, mais leur usage spécifique des mêmes outils était bien différent : les «chimistes» recherchaient pour utiliser; les «philosophes» agissaient en chercheurs du Savoir.

L'alchimiste comme modèle du peintre

Cette peinture met en évidence la tension spéculative qui anime depuis toujours la recherche alchimique. On y respire une atmosphère presque dramatique, emplie de signification mystérieuse. L'amoncellement désordonné d'ustensiles et d'accessoires divers, le regard soucieux et scrutateur de l'alchimiste, plongé dans la consultation réitérée des classiques, témoignent avec précision du combat d'émotions qui est le lot de cet artiste. Il est l'acteur absolu d'une recherche solitaire qui toujours demanda d'incroyables efforts physiques et mentaux, d'un labeur intérieur appuyé sur une quête ésotérique dont les fruits les plus fréquents sont la désillusion et la saveur amère de l'échec. Cependant, la foi et la ténacité, la constance et la persévérance, l'aide des textes et l'expérimentation laborieuse nourrissaient l'espérance de parvenir à cette «paix des rides que l'alchimie imprime aux grands fronts studieux» (Rimbaud).

L'effort immense, l'obstination de fer rencontrant le plus souvent l'échec, la ténacité portée à une recherche mystérieuse et solitaire : ces dimensions ont le plus marqué les peintres prenant l'alchimie et les alchimistes pour sujet de leurs œuvres ténébreuses. De telles images illustrent une fascination plus que la vérité : elles font preuve d'un sensationnalisme facile plutôt que de la véritable compréhension!

du laboratoire était véritable prière, au contact de la divinité, et cette certitude guidait le philosophe dans ses pas les plus infimes.

L'alchimie s'est voilée de mystère, mais seulement par contrainte. Sa règle était la simplicité : l'effort qui purifiait l'*animus* de l'alchimiste se continuait dans l'arrangement de son laboratoire. L'alchimie se voulait l'art d'adjoindre strictement le nécessaire.

Ce personnage qui se présente à nous désormais, c'est donc plutôt notre admiration qu'il suscite. Comme il nous est maintenant permis de l'approcher de plus près, et, concevant son environnement, de le suivre dans ses lieux familiers, entrons avec lui dans son laboratoire, afin que sans mystification il nous montre les ustensiles de son art.

Entouré seulement des objets qui lui sont nécessaires pour opérer, l'alchimiste nous fait découvrir, à notre surprise, le même bagage d'ustensiles que celui qu'on aurait trouvé, des siècles plus tôt, dans un temple d'Alexandrie. Un poêle aux parois bien rembourrées pour fondre et calciner, des tenailles, un soufflet, plusieurs creusets en terre réfractaire et des cuillères à manche long; voilà l'essentiel. Ajoutons encore, selon la recommandation des Maîtres, la bibliothèque, plus ou moins bien fournie. Pour compléter cette liste sommaire, voici un mortier, des pots et des casseroles en céramique, quelques appareils distillatoires et de filtrage, des réchauds qui tiennent la chaleur à différents degrés, quelques bocaux destinés à contenir et conserver les substances et, enfin, l'athanor.

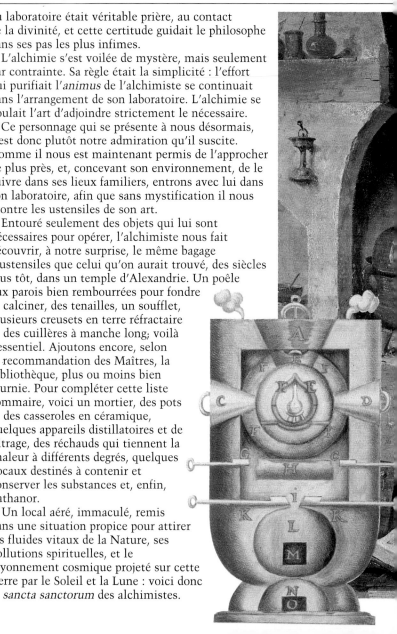

Un local aéré, immaculé, remis dans une situation propice pour attirer les fluides vitaux de la Nature, ses pollutions spirituelles, et le rayonnement cosmique projeté sur cette Terre par le Soleil et la Lune : voici donc le *sancta sanctorum* des alchimistes.

Voici l'alchimiste, dans son laboratoire. Ses gestes sont attentifs et savants; à l'aide du soufflet, il nourrit le feu sous la matière en cuisson. Il est entouré des simples instruments de son art. Il surveille l'athanor, le four du feu immortel (αθανατοσ, a-thanatos), l'Œuvre de la Nature. Son âge vénérable doit nous rappeler que les fruits de l'alchimie appartiennent au Jardin des Hespérides (εσπερα, le soir) : ils ne se présentent qu'au terme d'un effort constant comme le couronnement d'une existence entière vouée au spirituel.

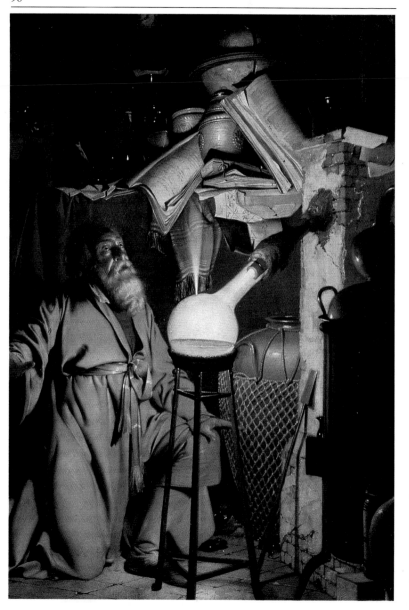

TÉMOIGNAGES ET DOCUMENTS

"Ora, lege, relege, labora et invenis...**"**

Chronologie historique

Deux «chimistes» au travail dans la Mésopotamie du IIIe millénaire…

Les premières sources

Les idées et les pratiques dans lesquelles l'alchimie fait son apparition sont reconnues, de l'Orient à l'Occident, autour du premier millénaire avant J.-C. Il est probable toutefois que son origine soit bien antérieure, trouvant des premières racines dès l'âge du fer. Les noyaux naissants de culture alchimique sont attachés à l'univers à la fois sacré et technique des débuts de l'art métallique, et se développent selon des voies parallèles dans les civilisations égyptienne, grecque, arabe, mésopotamienne, indienne et chinoise. On sait qu'en Egypte, le travail de l'or était, sous l'autorité du pharaon, confié à une classe sacerdotale hébergée dans les temples et tenue au secret. Ainsi les secrets techniques des premières expériences métallurgiques sont-ils souvent associés à des formules magiques, détournés par la dissimulation ou la transmission fabulatrice : l'origine divine ou souveraine fonde l'art sacré.

Des tablettes de la bibliothèque mésopotamienne d'Assurbanipal, décrivant la Terre-Mère dans laquelle les minéraux ont une vie propre à l'égal des autres créatures, affirment très tôt une des assises conceptuelles fondamentales de l'alchimie tout en indiquant une haute maîtrise du savoir théorique et des connaissances techniques. Arborant orgueilleusement la marque d'un empereur Sargon, la Mésopotamie produisit de surcroît l'un des premiers récits où s'illustre déjà dans un art exquis la veine ésotérique dont le voile accompagnera toujours typiquement la transmission du savoir alchimique.

Alexandrie et le mythe d'Hermès

Les origines mystérieuses prêtées à l'alchimie trouvèrent leur expression la plus influente dans la figure légendaire d'Hermès Trismégiste qui paraît dans les écoles alexandrines lorsque l'Egypte s'intègre à la culture grecque. Trismégiste («le trois fois grand») empruntait au dieu grec Hermès, inventeur des arts, comme à la divinité égyptienne Thot; à son origine surnaturelle et mythique les maîtres du Moyen Age accordaient encore foi et voyaient en Hermès celui auquel les puissances célestes avaient confié leur sagesse, le premier Adepte de l'histoire de l'humanité, le premier père de la Tradition. Il est l'auteur des ouvrages les plus célèbres de la littérature alchimique, les dialogues du *Corpus Hermeticum*, et la fameuse *Table d'Emeraude*, mais le vaste corpus de textes qui se réclament de son autorité manifestent que cette figure permettait la concentration d'un ensemble des connaissances.

L'avancement de l'alchimie gréco-égyptienne est documentée par le *Papyrus Holmiensis* et le *Papyrus X de Leyde* datés du IIIe siècle. Dans Alexandrie, patrie mythique du savoir occidental, les traits de l'alchimie se définissent : un phénomène inégalé de syncrétisme culturel met au contact les vastes connaissances mythiques et techniques des prêtres d'Héliopolis, les mystères initiatiques de Samothrace, les savoirs des Curites de Crète et des Telquins de Rhodes ; c'est le centre où a lieu la rencontre et la fusion des savoirs initiatiques du monde antique. Les premiers traités forment les anneaux initiaux de la grande chaîne du savoir traditionnel et la source spécifique de l'alchimie occidentale.

Au début du IVe siècle, les enseignements alchimiques se détachent de la légende et acquièrent les fondements d'une véritable science dans les textes de Marie la Prophétesse, Cléopâtre et surtout Zosime de Panopolis. Ce dernier, ritualisant les opérations de transformation métallique en expressions symboliques de mort et de résurrection, ouvrait la voie de l'imaginaire scientifique qu'est l'alchimie.

L'oiseau d'Hermès apporte le flux céleste au dragon alchimique...

La culture arabe protectrice de l'alchimie

Depuis les grandes métropoles de l'Egypte, la communication des connaissances avait introduit l'alchimie à Byzance autour du VIe siècle. L'Empire romain toutefois résista, dans une lutte constante contre les pratiques magiques, à la propagation du savoir alchimique. Il fallut, de fait, le démantèlement de l'Empire romain d'Occident et, avec la réunion des tribus éparses du peuple arabe sous la prédication de Mahomet, l'avènement de l'Islam dès le VIIe siècle et son formidable expansionnisme, pour garantir le relais et l'essor des enseignements d'Hermès.

L'invasion arabe de l'Égypte enracina profondément l'alchimie dans tout le monde islamique. Il est difficile de croire que les Arabes avaient auparavant tout ignoré de l'alchimie telle fut la puissance de l'accueil et de l'impulsion donnée à la tradition, si grandes sont les affinités des régimes symboliques en présence. Alors qu'il ne nous est presque rien parvenu de textes arabes pré-islamiques, les détails de cette rencontre décisive sont laissés à la conjecture. L'impulsion arabe touche tout l'empire où l'arabe est seule langue officielle et sacrée, étendu depuis l'Afrique aux plus lointaines régions de l'Asie. Les noyaux de culture réveillés par les maîtres arabes se multiplient : accomplissant un patient travail de copie et de traduction des textes égyptiens et grecs, ils assurèrent la survie du patrimoine des écoles alexandrines.

Vu au XVIIe siècle, et membre éminent du panthéon des alchimistes, Geber, le grand maître arabe du VIIIe siècle.

Les grands Maîtres arabes

Le premier alchimiste de renommée en Islam est Khalid (mort vers 704) : fils du calife 'Umayyade Yazid Damas, il est d'abord élève d'un mystérieux moine chrétien d'Alexandrie nommé Morien, et renonce au règne pour étudier les enseignements d'Hermès. Il ne reste pas trace des écrits arabes du prince, mais le petit corpus ayant survécu dans la traduction latine lui conserva par la suite une notable influence.

Une génération après Khalid, c'est le nom de Abu Abdallah Jàbir ibn Hayyan ibn Abdallah as - Sufi (mort en 815), plus simplement Jàbir ou Geber, qui devint synonyme de l'hermétisme islamique. La légende de Jàbir présente un chevalier errant du savoir, poussé à d'incessantes pérégrinations pour trouver le lieu favorable à ses recherches ou pour se soustraire à la curiosité des puissants. Deux cent quinze traités composent le *Corpus Jàbirianus* (un grand nombre sont perdus, ils auraient été d'abord plus de trois mille !), consacré à l'étude alchimique. Jàbir intègre à celle-ci les

M anuscrit alchimique arabe du XVIᵉ siècle illustrant la double nature du Mercure.

L'alchimie entre dans l'Europe médiévale

L'alchimie avait trouvé dans le peuple arabe le véhicule de sa conservation et de sa transmission, mais les conquêtes des Sarrasins et leur influence culturelle directe ne suffisent pas à rendre compte de la diffusion de l'alchimie dans l'Occident médiéval, où Fulcanelli atteste qu'elle fut parmi les sciences les plus assidûment cultivées. La soif de recherche sapientale en Europe latine fut extrême, et elle se confond avec le fort développement de la spiritualité du christianisme médiéval.

Quatre lignées distinctes concoururent à importer progressivement l'alchimie. Au VIIᵉ siècle, les troupes sarrasines firent la conquête de l'Espagne et y demeurèrent longtemps, introduisant le savoir alchimique. La seconde lignée se nourrit de la maturité du noyau de savoir qui maintient dans Byzance hellénisante un centre important de conservation des textes alchimiques. Une lignée arabe méditerranéenne forme la troisième instance, celle d'une pensée occulte orientalisante dont l'alchimie est sans doute la source, qui fut diffusée en Europe au XIIᵉ siècle par les croisés et les templiers allés en Palestine. De moindre apport, la quatrième voie, favorisée par l'implantation arabe en Sicile de 902 à 1091, apparaît dans le sud de l'Italie où des points de survivance dans la langue et la pensée maintenaient la tradition de la Grande Grèce : ces éléments hellénisants ne pouvaient qu'être sensibles à la rencontre avec les connaissances antiques qui étaient devenues un patrimoine organique du peuple islamique.

Conventionnellement, 1142 est la date qui inscrit le début de l'alchimie en

traits du *shi'isme*, «ésotérisme de l'Islam» comme l'a défini Henri Corbin, qui engageait à l'interprétation ésotérique du Coran et illustre éminemment l'ouverture arabe à la pensée occulte. Jàbir s'exprime dans un style disparate, ses différents textes présentent des conclusions apparemment contradictoires. Une si invraisemblable diversité est pourtant la marque particulière d'un seul auteur; Jàbir est le premier alchimiste à pratiquer, de son propre aveu, d'après la *tahdid al'ilm*, une forme d'enseignement ordonnant la dispersion systématique du savoir : son œuvre présente les éléments de connaissance en fragments délibérément épars, recelés en multiples volumes. Ce mode d'exposition, après lui, devient une caractéristique de la littérature hermétique.

Occident, lorsque Robert de Chester traduit les textes relatant l'histoire de Morien et de Khalid et annonce : «Votre monde latin ne connaît pas encore ce qu'est l'Alchymia.»

Les premiers pas de la science hermétique en Europe suivent ceux des autres formes de la connaissance reçue par les œuvres de l'antiquité. Ses textes originaux devaient également subir le parcours de leur copie arabe, puis d'une seconde copie latino-grecque, traduite de l'arabe, travail des moines lettrés dans leur retraite. Ainsi, les Arabes avaient amené l'alchimie à son rayonnement en la faisant sortir des temples et voici qu'arrivée en Occident, dans un site socio-culturel où l'alphabétisation était confinée dans les couvents, elle redevenait le privilège de la classe religieuse : Hermès retournait au temple.

Roger Bacon, franciscain, alchimiste… et finalement jugé hérétique, au XIIIᵉ siècle.

Franciscains et dominicains

La *Chronique* (1258) de Salimbene d'Adam retrace la fortune de la tradition alchimique dans l'ordre franciscain. Relatant les itinéraires de frère Elie de Cortone (mort en 1253), ce texte historique présente l'important disciple de saint François d'Assise comme son initiateur. Il était parti en 1217 poursuivre son apostolat en Terre sainte et dans ce berceau de l'art de la transmutation vint au contact des secrets de l'alchimie. On sait que saint François le rejoint en 1219 en Syrie. Certainement, dès la première moitié du XIIIᵉ siècle, sous le généralat d'Elie, l'alchimie se diffuse largement parmi les frères franciscains ; les nombreux écrits émanant d'Assise nourrissent son premier développement d'importance dans l'Occident latin. Il faut d'abord mentionner l'auteur du *Liber Compostella*, Bonaventure d'Isée, contemporain d'Elie, que les hommes de son temps appelèrent «savant, ingénieux et très sagace, homme de vie honnête et sainte» et les traductions de Gérard de Crémone. L'étude alchimique franciscaine fut diffusée à Oxford par Robert Grossetête (1175-1253). Son élève, Roger Bacon (vers 1210 - vers 1292), était une des figures intellectuelles les plus brillantes de son temps, marqué par ses intérêts mystiques, astrologiques et surtout alchimiques : esprit indépendant et expérimentateur, il représente aussi le premier exemple d'alchimiste persécuté par l'Eglise et jeté en prison pour hérésie. Disparu mystérieusement des

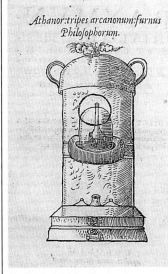

Athanor:tripes arcanonum:furnus Philosophorum.

AD ALCHYMIAE
STVDIOSVM.

Edimus omnem operam, Studiose veritatis, vt librū hunc deQuinta essentia emen-
datum atque integrum habere. Quan-
tum vero ea in re præstiterimus, facile iu-
dicabis, si nostram editionem cum priore contuleris.
Quidquid in ea vitiosum erat, hic correctum est: quidquid in ea erat omissum, hic additum est, ita, vt iam
plane nihil desideretur. Neque est, quod hic quidquam
de libri vtilitate dicamus, quæ quanta sit, facillimè ex
illius lectione patebit. Adiunximus eiusdem Raymundi
epistolam Accurtationis, qua nihil ad Alchymiæ stu-
diū vtilius addi potuit. Adiecimus etiam tractatum de
aquis summa diligētia ab Artis studioso passim ex scri-
ptis Raymundi collectum, qua quidquid est scitu dignū
super Accurtationis epistolam comprehensum est. Ac-
cipe igitur grato animo nostram operam, veritatis
Studiose, & quæ decet nos beneuolentia proseque-
re, ac vale. Coloniæ V. Kal. Decemb.
Anno à Ch. N. M. D.
LXVI.

---

chroniques en 1292, sa fin est de celles qui commencèrent la légende concernant l'immortalité des alchimistes.

Un des élèves franciscains de Bacon fut un médecin très célèbre, astrologue, alchimiste, frère catalan du nom d'Arnaud de Villeneuve (1240-1311), auteur du *Rosarium philosophorum*. Son œuvre fut brûlée après sa mort parce qu'elle intégrait cette tendance prophétique qu'avait dangereusement introduit la doctrine hérétique de Joachim de Flore.

Villeneuve inspira deux autres grands alchimistes franciscains, Raymond Lulle (1235-1315) et Jean de Rupescissa. Le second devait comme lui mourir en prison vers la moitié du XIVe siècle, condamné pour les nombreuses prophéties émaillant ses écrits.

Il n'y a pas de doute que ce sont ces œuvres qui, quatre siècles plus tard, inspirèrent un médecin français de famille juive dont le nom Michel de

L'œuf philosophique au cœur du four, une illustration du *De secretis naturae seu de quinta* du franciscain Raymond Lulle.

Notre Dame, nous est mieux connu comme Nostradamus.

Parallèlement à la fortune franciscaine de l'alchimie, une légende rattachait l'Art Sacré à l'ordre de saint Dominique. Le *Speculum Naturalis* de Vincent de Beauvais, vers 1250, compte en effet pour une des œuvres les plus importantes de la période sur le sujet de l'alchimie. Vers la fin du Moyen Age, pour justifier la grande influence des dominicains, il était raconté que saint Dominique, pratiquant l'alchimie, avait obtenu la Pierre philosophale et en avait transmis le secret à Albert de Bollstaedt ou Albert Le Grand (1193-1280), alchimiste réputé, qui l'avait à son tour communiqué à son disciple Thomas d'Aquin (1225-1274) dont les écrits évoquaient la transmutation.

Le tombeau de Nicolas Flamel et de sa femme Pernelle au cimetière des Innocents à Paris, détruit en 1797, et les sept figures du mystérieux *Livre d'Abraham l'Hébreu*, décrites par Flamel dans son *Livre des Figures hiéroglyphiques*, réunies par Arnauld au XVIIᵉ siècle.

Les réactions de l'Eglise au XIVᵉ siècle

Jusqu'à la fin du XIIIᵉ siècle, on étudiait et pratiquait l'alchimie en relative tranquillité à l'intérieur des couvents des divers ordres monastiques. La science secrète y tenait le rang d'une forme de philosophie naturelle, calquée sur le déroulement de la Genèse et dirigée entièrement vers la connaissance de Dieu. Deux faits, toutefois, apportèrent un changement à l'attitude de l'Eglise envers les disciples d'Hermès. En premier, les accusations d'hérésie portées sur quelques moines pratiquant l'alchimie. En second, l'apparition d'une nouvelle classe savante qui ne ressortait plus directement de l'Eglise mais prenait origine dans toutes les classes de la société laïque.

On a suggéré que c'est pour défaire l'association des moines avec la science alchimique que le pape Jean XXII intervint en 1317 par un décret *Spondent quas non exhibent* (Ils promettent ce qu'ils ne peuvent pas produire…) condamnant la fabrication et la vente de l'or faux. Le texte de Jean XXII paraît plutôt le symptôme d'un autre phénomène : il signifie que l'alchimie avait atteint une diffusion extraordinaire et que, parmi les rangs de ceux qui se déclaraient alchimistes, commençaient à paraître des imposteurs. En somme, après deux siècles de confinement dans l'étude des moines, l'alchimie était retournée dans le monde. La vulgarisation amenait la multiplication des faussaires et charlatans qui, sans posséder les clés des mystères sacrés, en usaient seulement comme le moyen facile de gains illicites.

Il se trouva pourtant quelques alchimistes extraordinaires pour en défendre la cause dans un pareil contexte, tel le philosophe anglais Jean Dastin qui adressa directement au pape Jean XXII sa révélation des procédés. D'Angleterre, on connaît aussi l'abbé de Westminster Jean Cremer et Richard, auteur du *Correctum Alchymiæ*. Mentionnons encore l'italien Pietro Bono, Guillaume de Paris, inventeur des bas-reliefs alchimiques du portique de Notre-Dame, Jehan de Mehun, dit Clopinel, qui participe à la rédaction du *Roman de la Rose*, et Hortolanus, grand commentateur de la *Table d'Emeraude*.

A cette époque encore, l'alchimie connaît un nouveau rebond avec la diffusion d'une légende mystérieuse autour d'un modeste personnage, humble écrivain parisien assisté de sa femme Pernelle, Nicolas Flamel (1330-1417) : celui-ci abandonnait une telle fortune aux œuvres charitables qu'on attribua celle-ci à ses expériences de transmutation, poursuivie à partir d'un étrange grimoire, le *Livre d'Abraham*. La durable certitude de son succès pouvait citer trois traités qu'on lui attribua, dont *Les figures hiéroglyphiques* publié en 1612 par Pierre Arnaud de la Chevalerie.

Le triomphe hermétique de la Renaissance

Si le XIVe siècle en avait développé la «passion», le XVe siècle se prit d'une véritable «manie de l'hermétisme» qui emporta toute l'Europe. Il n'y avait pas une cour de la Renaissance qui n'hébergeât astrologues et alchimistes, pas de bibliothèque qui ne collectionnât les œuvres de l'alchimie traditionnelle. Les exemplaires raffinés de la philologie humaniste succédèrent aux documents approximatifs des copistes médiévaux. Après les travaux de Lorenzo Valla, les chercheurs passionnés disposaient d'instruments et de manuels toujours plus

Cette illustration du traité de Lambsprink figure deux poissons qui symbolisent l'Esprit et l'Ame, la mer étant le Corps.

précis pour préparer leurs opérations.

Ce siècle signifia la splendeur de la science hermétique autant par le nombre de maîtres qui s'y trouvèrent que par la valeur littéraire de ceux-ci. Il faut rappeler l'abbé Tritème, le hollandais Isaac, les deux anglais Thomas Norton et Georges Ripley, Lambsprinck, Georges Aurach de Strasbourg, le trésorier Jacques Cœur, le moine calabrais Lacini et le noble Bernard de Trévise, célèbre pour avoir consacré cinquante-six ans de sa vie à la recherche de la pierre philosophale, qui devint un exemple de constance et de persévérance parmi les alchimistes.

Une histoire fabuleuse raconta la découverte des écrits d'un moine qui aurait vécu en 1413 dans le couvent bénédictin de Erfurt : avec les manuscrits de Basile Valentin, l'auteur du *Liber duodecim clavium philosophiæ*

(*Les douze clefs de la philosophie*), la découverte d'un échantillon de «poudre de projection» garantissait l'événement.

Deux causes, dans la seconde moitié du XVe siècle, diffusèrent l'hermétisme dans la péninsule italienne : la dispersion des juifs espagnols et l'arrivée des byzantins fuyant la chute de Constantinople. La «folie» hermétique s'empara alors des cours italiennes, hommes d'états et mécènes. A Florence, Marsile Ficin fournit une traduction et édition critique du *Corpus Hermeticum;* Pic de la Mirandole se consacra à l'étude des significations hermétiques et à Ferrare, Borso d'Este devint le protecteur de l'ésotérisme sous toutes ses formes, favorisant en premier l'alchimie. A Urbino, Ottaviano Ubaldini, le demi-frère de Federico da Montefeltro, était lui-même alchimiste.

L'alchimie et les puissants
au XVIᵉ siècle

La grande activité philosophale, soutenue surtout par la confiance de puissants mécènes défenseurs des travaux des alchimistes, multipliait aussi le nombre de faux artistes. N'importe qui se dit alchimiste. Par là, dans le moment de sa plus haute splendeur, prenait fin l'âge d'or de l'alchimie. La foison de fourbes et de faussaires, quelques échecs patents et le manque de résultats concrets prêtèrent le flanc à la suspicion et, facilement, le songe doré des alchimistes fut relégué, du règne des plus nobles activités humaines, dans celui des chimères. Puis, une époque tempétueuse s'approchait pour les véritables disciples d'Hermès dans les sombres nuages du rationalisme pragmatique et dans les foudres intransigeantes de l'Inquisition.

La publication des anthologies qui rendaient accessibles à tous les secrets de l'art alchimique fut un trait décisif du XVIᵉ siècle. Quelques opérations récoltées ci et là, rassemblées puis révélées et enseignées permettent à des dissidents de soutenir la thèse de la nullité alchimique, de ruiner sa philosophie et de jeter les bases de la chimie moderne. Il reste pour seuls héritiers de l'ésotérisme égyptien renié par les derniers aboutissements de la Renaissance qui s'en était tant nourrie, Alexandre Sethon dit le Cosmopolite, Wenceslas de Moravie, Zachaire et

Paracelse (1493-1541). Ce dernier, sans jamais nier la possibilité de la transmutation, s'intéressa plutôt à la découverte de nouveaux remèdes à partir des enseignements de l'alchimie, donnant ainsi naissance à la lignée que les alchimistes nomment en dénigrement «spagyrie», il délaissait les aspects philosophiques de l'Œuvre pour rechercher la pratique de l'Art sur la matière. On lui doit toutefois la théorie des arcanes et le rêve de produire l'homuncule.

L'activité alchimique au XVIᵉ siècle s'est cantonnée dans quelques cours brillantes où l'ésotérisme et l'alchimie marquent le cœur des intérêts culturels. En premier s'illustre la cour londonienne de Elizabeth I gardant le mage John Dee (1527-1608), auteur de la *Monade Hiéroglyphique* (1564), grand philosophe hermétique et fervent défenseur de la transmutation des métaux. Pour second exemple, il faut citer le souverain qui plus que tout autre soutint le potentiel philosophique et théorique de l'ancien savoir traditionnel, Rodolphe II de Habsbourg. Celui-ci se retira pour poursuivre l'étude de l'alchimie à Prague dans le château de Hradçani, faisant de la capitale bohème une nouvelle Alexandrie. Il y fit affluer un grand nombre de mages, d'astrologues et d'alchimistes, rapprochant leurs connaissances des enseignements de la kabbale des rabbins résidant à Prague. Sa ville devient alors «ville magique»; on y voit encore la «ruelle de l'or» dédiée à l'alchimie.

Francesco de Médicis fut également un illustre pratiquant de l'alchimie, sur une voie similaire : il est notamment l'inspirateur d'une œuvre d'art dont le sujet est étroitement inspiré par l'alchimie.

Trois grand alchimistes : le bénédictin Basile Valentin, Thomas Norton et l'abbé de Westminster John Cremer, conversant devant un athanor; gravure extraite du *Tripus Aureus* de Maier, publié à Francfort en 1618, et qui contient les écrits de ces trois ecclésistiques.

La diffusion imprimée du XVIIe siècle

Le XVIIe siècle est traversé de rencontres intrigantes des intellectuels rigoureux avec d'énigmatiques personnages défenseurs de la transmutation. Une des mieux documentées est sans doute celle que relate le médecin hollandais Helvétius (1625-1709) : son visiteur mystérieux était peut-être l'auteur pseudonyme Eyrénée Philalète (« amant de la Vérité »).

La « distillation », gravure du *Commentarium alchymiae* d'Andreas Libavius, publié à Francfort en 1606.

Le *Faust* de Rembrandt, daté de 1652, pourrait être un portrait d'alchimiste.

Pour le destin de l'alchimie, la naissance de la fraternité des Rose-Croix qui emprunte évidemment le symbolisme hermétique est aussi sans nul doute marquante. *Les noces chimiques de Christian Rosenkreutz*, ouvrage fondateur, est publié à Strasbourg en 1616. Bâle, échappant aux interdictions des deux religions, devient une ville franche pour la reproduction d'une série inépuisable d'ouvrages illustrés consacrés à l'alchimie. On y imprime une importante collection d'œuvres alchimiques établie par l'alchimiste italien Gratarolo.

L'époque du baroque connaîtra encore les travaux du cénacle hermétique romain de la reine Christine de Suède, les *Sonetti Alchemici* du marquis Francesco Maria Santinelli et les paroles de pierre de la porte alchimique de la villa de Palombara. Cependant, le XVIIe siècle, où se détachent les figures de Lascaris, du président d'Espagnet, du polonais Svendivogius (1566-1646) et du mystérieux Eyrénée Philalète, est inéluctablement le siècle qui sanctionne l'effacement de l'alchimie du domaine des sciences humaines. Descartes et la révolution des Lumières étaient aux portes. Kant allait bannir l'esprit du règne des choses dans le monde et de là, pour les philosophes par le feu, se préparaient des années sombres dans lesquelles seule leur demeurerait la plus absolue clandestinité.

Le XVIIIᵉ siècle fantastique et le retour moderne

Le combat soutenu du XVIIIᵉ siècle pour établir les frontières légitimes de la raison fit reculer le domaine concédé à l'alchimie. La naissance de la chimie scientifique par les travaux de Lavoisier s'opposa à son tour radicalement aux prémisses de l'alchimie. Au XVIIIᵉ siècle, quelques grands esprits intéressés d'alchimie, firent pourtant de son étude une transition : ainsi notamment Isaac Newton (1642-1727), que Keynes a décrit comme le dernier élève des arts anciens. « Il n'était pas le premier du siècle de la Raison, il était le dernier des mages, le dernier de Babylone et de Sumer, le dernier grand esprit qui pénétrait le monde du visible et de l'esprit avec les mêmes yeux que ceux qui, un peu moins de dix mille ans plus tôt, commencèrent à édifier notre patrimoine intellectuel. »

A la modestie et la simplicité toujours prônée par les anciens alchimistes s'opposent les figures fantaisistes et les aventures rocambolesques des personnages s'entourant au XVIIᵉ siècle du mystère alchimique. Claude Louis, comte de Saint-Germain (vers 1700-1784) côtoya les puissants et les cours d'Europe, faisant croire aux vertus d'un Elixir de sa fabrication. Un de ses disciples, Alliette, voulut faire croire à son immortalité et raconta l'avoir rencontré âgé de 325 ans ! Son autre élève, Joseph Balsamo, comte de Cagliostro (1743-1795) est non moins célèbre : il voulut rétablir le prestige de l'ancienne Egypte en fondant un groupe de type maçonnique. De tels aventuriers signalaient les temps sombres de l'alchimie.

La recherche philosophale était retournée dans le secret. Le XIXᵉ siècle connut encore l'*Hermès dévoilé* (1832) de Cyliani et un *Cours de philosophie hermétique ou d'alchimie en dix-neuf leçons* (1843) de Louis-François Cambriel, deux alchimistes français, avant la retentissante publication, au début du XXᵉ siècle, des deux ouvrages d'un personnage énigmatique signant du nom de Fulcanelli, *Le mystère des cathédrales* (1925) et *Les demeures philosophales* (1929). Les études de son élève Eugène Canseliet ont relancé l'intérêt alchimique et la dédicace « aux frères d'Héliopolis » signale sa survivance.

Le laboratoire alchimique, dans *Lecture pour tous*, en 1903.

Rencontres avec des alchimistes remarquables...

Après les années d'efforts et de recherche, les rêves brisés, le désarroi, survient peut-être la rencontre fatale. On ne doit jamais l'attribuer au hasard – il s'agit plutôt de destin et de volonté, de l'adhésion entière dans la quête personnelle, envers et contre tout. Ce n'est qu'ainsi que s'accomplit le miracle, que l'aspiration se réalise : le cheminement reconnaît celui d'un Maître... enfin il y a une issue à la solitude. Ces pages relatent les faits vrais au-delà du véridique, les faits que je connais pour y lire «mon histoire» : bien mieux qu'un témoignage, elles font un acte de foi !

Andrea Aromatico.

R hazès, médecin et alchimiste arabe, dans son laboratoire à Bagdad...

Les merveilles de la nature

Eminent spécialiste des doctrines religieuses et ésotériques, Elémire Zolla retrace une expérience extraordinaire. Dans ce tintamarre du quotidien, dans les dédales de la ville du Moyen-Orient où nous le suivons pas à pas, le cours d'une vie va peut-être verser dans l'incroyable... la rencontre avec l'alchimiste.

J'allais retrouver la personne qui m'avait promis de me mener chez l'alchimiste. Nous avions rendez-vous à l'angle du bazar ; des montagnes qui couronnent Ispahan le vent descendait en rapides rafales, mêlant l'odeur des épices et des betteraves cuites [...]. Nous marchons plus d'une demi-heure le long des grandes rues bruyantes, puis nous tournons dans une ruelle qui borde un petit ruisseau faisant place ça et là à un arbre ancien nourri par l'eau courante. Nous entrons dans un chemin bordé de murs bas, passons un passage couvert et traversons

quelques cours. Une petite porte ouvre sur un autre passage, entre les murs. Alors que je m'engage dans un nouveau passage couvert, l'intermédiaire me fait signe de baisser la tête, en souriant. Tout n'est que silence, à peine quelque coassement des corbeaux dans l'air; certainement, je ne saurais retrouver seul mon chemin de retour. Plus loin, nous frappons à une porte et paraît l'assistant de l'alchimiste. Nous entrons alors dans les maisons qui sont la propriété de l'alchimiste, groupées en rayon autour d'une petite cour. La première pièce où nous pénétrons est une remise de flacons et de sacs, où une échelle raide se dresse vers une trappe. Par celle-ci, on débouche dans une salle plus vaste, occupée par les appareils distillatoires et la surface noire de l'eau d'une citerne. «Il y gardait un python, qui maintenant est dans l'autre maison» chuchote l'assistant, poussant la porte qui donne sur une terrasse. Le laboratoire s'ouvre sur cette terrasse; le vieillard, couvert d'un manteau, en sort pour nous accueillir, les yeux riants dans son visage brûlé par le soleil. Le laboratoire est meublé du matras, des alambics, de gros sacs de jute et d'étagères remplies de pots et de bouteilles. Un flacon retient aussitôt mon regard pour sa couleur jaune clair, qui semble radieuse de sa propre lumière. La pièce est aussi équipée d'une lampe voilée d'un écran bleu pour les opérations délicates, que la lumière empêcherait.

«Pendant cinquante ans, je n'ai fait autre chose que pratiquer la médecine d'Avicenne», commence le vieux. «Puis, je compris, pour reprendre une phrase de Alî, qu'il y a des dizaines de milliers de cellules de vie sur la pointe d'une épingle, et chacune a besoin de sa nourriture. Ainsi je me dédiai à l'alchimie. Les remèdes alchimiques vont tout droit à ces cellules de vie, sans la digestion par l'estomac.»

Je lui présente mon don d'un peu d'huile de soufre. Il remercie la main sur le cœur et dit :

«L'on peut se dire sur la voie lorsqu'on sait fabriquer les huiles de soufre, de mercure, de sel, d'or. Je travaille surtout à broyer et fondre les pierreries.» Sur un signe de lui, son assistant s'écarte de la théière pour nous montrer des jarres pleines d'éclats bruns et bleutés : «agathe, rubis» nous indique-t-il en énumérant. Il défait l'attache de certains gros sacs de jute et dans le premier paraissent les rubis, dans l'autre les agathes, dans un autre encore les perles intactes.

«C'est des cendres que l'on recueille les huiles» reprend le vieillard.

«Comment je m'y prends pour fondre les pierreries ? Je les mets dans l'eau régale pour un certain temps, puis je les martèle jusqu'à les rendre incandescentes et pour les refroidir je verse dessus une décoction d'herbes du désert. Après le dix-huitième tour, elles commencent à mollir. D'autres solutions les amollissent plus encore et l'on parvient à les rendre liquides.» Les annales du monde antique parlent de Cléopâtre et de Néron buvant des perles et autres joyaux. Le vieillard montre une large bouteille pleine d'un liquide smaragdin épais : «C'est l'huile de rubis, de la plus haute chaleur. Avant de l'administrer, il faudra la corriger sans diminuer son effet. Je la mélange à un distillat de fleurs de nature froide, celles par exemple du cerisier ou du pêcher. Avec une mixture d'huiles je sais soigner le cancer du sein. Avec une autre composition, je soulage la plaie.»

L'assistant verse le thé. Le vieillard m'invite à le sucrer. «Encore, encore», m'enjoint-il, quand j'arrive au dixième morceau. Il va prendre le flacon qui n'a cessé d'attirer mon regard depuis mon entrée, et verse avec un compte-gouttes deux perles jaunettes dans ma tasse. « De l'or liquide. »

Son goût ? Acre et tout ensemble suave, amer et exquis, un trait persistant dans toutes ses modifications qui à l'improviste se déploie. C'est quelque chose de semblable à la mixture que recommande Alì Akbar Sâkkobôshî dans son *Guide pour la libération de la mort artificielle* (dont est paru une édition à Téhéran en 1970), comme une troisième panacée à côté des boutons de roses et des graines de cumin : le jus de raisin vert, plus gorgé de soleil et encore sans sucre, mélangé à la menthe distillée, un remède électif qui donne robustesse au sang et arrête les flux des femmes.

Le vieillard fait sentir l'huile de fer, noirâtre, à la puissance chaude, démesurée. « Le centre du fer est or. Au dehors il est comme l'argent. » De fait, il rouille comme l'argent noirci.

« Et l'étain ? » demandai-je.

« Il est prêt à devenir argent. »

Un lama tibétain, Lobsang Lhalungpa, m'enseigna que pour comprendre une voie, il y a une clé, cette question : « Que faites-vous de vos rêves ? »

« Les rêves m'indiquent souvent les manières de procéder. Je lis la nuit le Coran et je me propose d'élever les douze mille invocations au Prophète pendant douze nuit. Une de ces nuits, je rêve, je vois des personnes exécutant les opérations. Sinon, je vois en rêve les symboles. Je vais auprès d'un docteur de la loi interprète des rêves, sans lui dire que je suis alchimiste, et lui me donne spontanément les indications alchimiques. Je n'ai pas connu d'alchimiste qui ne cherchât refuge en l'Imâm XII, l'Imâm celé, l'Imâm du dernier jour. Les trois maîtres que j'ai connu demandaient le conseil de l'Imâm à chaque problème alchimique ; pour quarante jours, ils se retiraient à lancer les invocations, dans tout ce temps se tenant à une diète de raisins de Damas, dattes, certaines variétés de noix, riz et eau, exclusivement. »

« La retraite de quarante jours du soufisme ! » s'exclama mon guide. Celui-ci est tout transformé par la découverte et par l'affinité de sa voie avec une autre, l'alchimie.

« Il y a quarante ans, dit le vieillard, on me vola deux millions de toman que j'avais destinés à la construction d'un hôpital. J'étais désespéré. J'allai au cimetière et priai l'Imâm XII. Un jour m'apparut à la porte un homme portant un turban noir, qui me dit : "Je suis venu te guider." Et il pointa sept remèdes rangés dans toutes les étagères autour de moi. Il m'ordonna de les mettre en poudre et de les verser ensemble dans un creuset. Il prescrivit pour régime de feu le même que l'on emploie pour fondre l'argent. Soudain, il ordonna d'arrêter l'opération. Quand le creuset eut refroidi, il me commanda de l'immerger dans l'eau et de le briser avec mon marteau. Il en sortit une bille d'or rouge. « Celle-là est pour les pauvres », dit-il. Je le suppliai de me laisser transcrire ce que j'avais fait, mais lui répondit que seuls les saints détiennent ce secret et quand Dieu veut qu'il soit partagé, l'Imâm XII vient l'enseigner. Il revint cinq jours plus tard et la même scène se répéta. Lorsque je brisai la coque très noire, il en sortit une bille de platine. Il l'empocha et me demanda : « Comprends-tu à présent la puissance de Dieu ? Ai-je touché à aucune chose, peut-être ? Je suis resté assis sur la chaise. Tu dois servir les gens par la médecine. » Il m'enseigna six choses qui me tenaient à cœur, mais le procédé de fabrication de l'or et du platine, jamais je ne pus m'en souvenir. En vérité, dans ma jeunesse, je ne fis autre chose que prescrire les remèdes suivant la doctrine d'Avicenne.

J'étais toujours immergé dans les exercices spirituels, je ne péchais point, je ne mangeais pas de viande, je ne laissai jamais mes yeux errer, et j'arrivai au point que si l'on frappait à la porte, avant même d'ouvrir, je savais qui était là. Puis je me mariai et le monde m'attira : je perdis toutes mes inspirations. C'est ensuite que j'entrai dans la voie alchimique. Les maîtres étaient tous saints et tous inspirés par l'Imâm. Je veux, avant que vous ne partiez, vous narrer l'histoire du grand Mir Darmâd avec le cordonnier.

Mir Darmâd vit un jour un pauvre cordonnier et il en eut pitié : il posa la main sur le marteau du misérable et le changea en or.

"A présent tu peux le vendre", dit Mir Darmâd. "Et pourquoi le devrais-je ? demanda le cordonnier, toi, plutôt, fais-le redevenir fer. Pourquoi l'as-tu changé en or, quand tu ne sais pas le faire revenir à son état naturel ?"

Mir Darmâd en fut mortifié. Alors le cordonnier lui dit de mettre en poudre un grumeau de sérum de lait sec. Tandis que Mir Darmâd s'exécutait, son âme sortit de son corps, erra dans l'Europe et tomba au lieu où un homme donnait des ordres contraires à l'Islam ; alors il hurla : "Cesse !". Et le cordonnier de hurler, à son tour : "Travaille ton grumeau de sérum !" Et il ajouta : "Je t'ai dit de travailler le sérum, pas d'errer autour de l'Europe. Si tu veux atteindre le point où tu pourras errer autour de l'Europe et travailler le grumeau de sérum en même temps, tu devras t'efforcer et étudier longtemps !" Alors Mir Darmâd demanda de devenir le disciple du cordonnier et celui-ci reconvertit le marteau en fer. Il lui suffit de jeter dessus un regard.

Cela veut dire que son corps même était devenu alchimique. Dans l'état qu'il avait atteint, les transmutations s'opéraient des yeux seulement. »

Je remercie Seyyed Jelaleddin Ashtiani d'un après-midi passé feuilleter les manuscrits alchimistes dans la bibliothèque de sa faculté à Mashhad. C'est grâce à ceux-ci, et surtout à l'œuvre de Majridî (le Madrilène), que s'éclaircirent les théories qui sont le fond des ardents discours entendus à Ispahan. Celui qui opère en alchimie se réfère à deux Noms de Dieu, le Subtil (al-Latif) et le Généreux (al-Karim).

C'est Dieu Subtil qui fait que le sang provient de la nourriture, la semence du sang, la sève de la terre et Il correspond ainsi, parmi les lettres, au bâ, qui est écrit comme une coupe et un point dessous. Alì dit être le point sous le bâ. Parmi les sciences de la maison d'Alì, il y a aussi l'alchimie. Dans la sphère du Subtil, on trouve les gènes (ginn) des éléments, au milieu entre l'ange et l'homme, le vingt-sixième degré de la lune, le temps qui sépare le Verseau (air) des Poissons (eau), l'évaporation des choses, leur subtilisation, justement, en l'essence aromale. Comment l'Imâm sut-il qu'il était Imâm IX ? Il se sentait plus minuscule que le plus petit atome.

Dieu le Généreux fait qu'une goutte d'huile alchimique versée sur le dos oint la paume de la main. Il est la lettre zâ, il correspond au monde des métaux et des minéraux, au moment le plus terrestre du Capricorne de terre, dans la vingt-deuxième maison de la lune, entre la terre et le monde végétal.

La voie des Noms de Dieu est celle de l'école gnostique ('erfan), mais l'alchimie est aussi l'apanage de l'école illuminationiste qui présente les archétypes comme des figures sans puissance et sans matière plutôt que comme Noms. L'iconographie alchimique enseigne à figurer des archétypes à mesure qu'ils sont nécessaires. Par exemple, elle voit comme «aigle» l'esprit d'un mélange de terre, de cinabre et d'arsenic qui s'élève en fumée dans l'alambic (pendant que l'âme va se déposer sur le fond).

L'alchimiste établit un contact entre son esprit et celui des métaux grâce à l'archétype qui empreint à la fois une partie de son esprit et l'esprit du métal.

Elémire Zolla, *Alchimia*, Venise, 1991
traduction Audrey van de Sandt

L'alchimie comme exemple

Pauwels et Bergier : le premier fut occultiste et surréaliste tour à tour, le second homme de science et mythographe… Dans leur œuvre la plus célèbre, Le Matin des magiciens, *ils racontent la rencontre avec un personnage mystérieux : nul autre peut-être que Fulcanelli lui-même.*

C'est en mars 1953 que j'ai rencontré pour la première fois un alchimiste. Cela se passait au café Procope qui connut, à cette époque, un court regain de vie. Un grand poète, alors que j'écrivais mon livre sur Gurdjieff, m'avait ménagé cette rencontre et je devais revoir souvent cet homme singulier sans toutefois percer ses secrets.

J'avais, sur l'alchimie et les alchimistes, des idées primaires, puisées dans l'imagerie populaire, et j'étais loin de savoir qu'il y avait encore des alchimistes. L'homme qui était assis en face de moi, à la table de Voltaire, était jeune, élégant. Il avait fait de fortes études classiques, suivies d'études de chimie. Présentement, il gagnait sa vie dans le commerce et fréquentait beaucoup d'artistes, ainsi que quelques gens du monde.

Je ne tiens pas un journal intime, mais il m'arrive, en quelques occasions importantes, de noter mes observations ou mes sentiments. Cette nuit-là, rentré chez moi, j'écrivis ceci :

«Quel âge peut-il avoir ? Il dit trente-cinq ans. Cela confond. La chevelure blanche, frisée, découpée sur le crâne comme une perruque. Des rides nombreuses et profondes sous une chair rose, dans un visage plein. Très peu de gestes, lents, mesurés, habiles. Un sourire calme et aigu. Des yeux rieurs, mais qui rient de manière détachée. Tout exprime un autre âge. Dans ses propos, pas une fêlure, un écart, une retombée de la présence d'esprit. Il y a du sphinx derrière cet affable visage hors du temps. Incompréhensible. Et ce n'est pas seulement mon impression. A. B., qui le voit presque tous les jours depuis des semaines, me dit qu'il ne l'a jamais, une seconde, pris en défaut "d'objectivité supérieure".

Ce qui lui fait condamner Gurdjieff :

1 – Qui éprouve le besoin d'enseigner ne vit pas entièrement sa doctrine et n'est pas au sommet de l'initiation.

2 – A l'école de Gurdjieff, il n'y a pas d'intercession matérielle entre l'élève que l'on a persuadé de son néant et l'énergie qu'il doit parvenir à posséder pour passer à l'être réel. Cette énergie – «cette volonté de la volonté», dit Gurdjieff –, l'élève doit la trouver en lui-même, rien qu'en lui-même. Or cette démarche est partiellement fausse et ne peut conduire qu'au désespoir. Cette énergie existe hors de l'homme, et il s'agit de la capter. Le catholique qui avale l'hostie : captation rituelle de cette énergie. Mais si vous n'avez pas la foi ? Si vous n'avez pas la foi, ayez un feu : c'est toute l'alchimie. Un vrai feu. Un feu matériel. Tout commence, tout arrive par le contact avec la matière.

3 – Gurdjieff ne vivait pas seul, toujours entouré, toujours en phalanstère. "Il y a un chemin dans la solitude, il y a des rivières dans le

désert." Il n'y a ni chemin ni rivière dans l'homme mêlé aux autres.

Je pose, sur l'alchimie, des questions qui doivent lui paraître d'une écœurante sottise. Il n'en montre rien et répond :

Rien que matière, rien que contact avec la matière, travail sur la matière, travail avec les mains. Il insiste beaucoup là-dessus :

– Aimez-vous le jardinage ? Voilà un bon début, l'alchimie est comparable au jardinage.

– Aimez-vous la pêche ? L'alchimie a quelque chose de commun avec la pêche.

Travail de femme et jeu d'enfant.

On ne saurait enseigner l'alchimie. Toutes les grandes œuvres littéraires qui ont passé les siècles portent une partie de cet enseignement. Elles sont le fait d'hommes adultes – vraiment adultes – qui ont parlé à des enfants, tout en respectant les lois de la connaissance adulte. On ne prend jamais une grande œuvre en défaut sur "les principes". Mais la connaissance de ces principes et la voie qui mène à cette connaissance doivent demeurer cachées. Cependant, il y a un devoir d'entraide pour les chercheurs du premier degré.

Aux environs de minuit, je l'interroge sur Fulcanelli, et il me laisse entendre que Fulcanelli n'est pas mort :

– On peut vivre, me dit-il, infiniment plus longtemps que l'homme non éveillé l'imagine. Et l'on peut changer totalement d'aspect. Je le sais. Mes yeux savent. Je sais aussi que la pierre philosophale est une réalité. Mais il s'agit d'un autre état de la matière que celui que nous connaissons. Cet état permet, comme tous les autres états, des mensurations. Les moyens de travail et de mensuration sont simples et n'exigent pas d'appareils compliqués : travail de femme et jeu d'enfant…

Il ajoute :

– Patience, espérance, travail. Et quel que soit le travail, on ne travaille jamais assez.

Espérance : en alchimie, l'espérance se fonde sur la certitude qu'il y a un but. Je n'aurais pas, dit-il, commencé, si l'on ne m'avait clairement prouvé que ce but existe et qu'il est possible de l'atteindre dans cette vie. »

Tel fut mon premier contact avec l'alchimie. Si je l'avais abordé par les grimoires, je pense que mes recherches n'auraient guère été loin : manque de temps, manque de goût pour l'érudition littéraire. Manque de vocation aussi : cette vocation qui saisit l'alchimiste, alors qu'il s'ignore encore comme tel, au moment où il ouvre, pour la première fois, un vieux traité. Ma vocation n'est pas de faire, mais de comprendre. N'est pas de réaliser, mais de voir. Je pense, comme le dit mon vieil ami André Billy, que « comprendre, c'est aussi beau que de chanter », même si la compréhension ne doit être que fugitive. Je suis un homme pressé, comme la plupart de mes contemporains. J'eus le contact le plus moderne qui soit avec l'alchimie : une conversation dans un bistrot de Saint-Germain-des-Prés. Ensuite, lorsque je cherchai à donner un sens plus complet à ce que m'avait dit cet homme jeune, je rencontrais Jacques Bergier, qui ne sortait pas poudreux d'un grenier garni de vieux livres, mais de lieux où la vie du siècle s'est concentrée : les laboratoires et les bureaux de renseignements. Bergier cherchait, lui aussi, quelque chose sur le chemin de l'alchimie. Ce n'était pas pour faire un pèlerinage dans le passé. Cet extraordinaire petit homme tout occupé des secrets de l'énergie atomique avait pris ce chemin-là comme raccourci. Je volai, accroché à ses basques, parmi les vénérables textes conçus par des sages amoureux de la lenteur, ivres de patience, à une vitesse supersonique. Bergier avait la confiance de quelques-uns des hommes, qui aujourd'hui encore, se livrent à l'alchimie. Il avait aussi l'oreille des savants modernes. J'acquis bientôt la certitude, auprès de lui, qu'il existe d'étroits rapports entre l'alchimie traditionnelle et la science d'avant-garde. Je vis l'intelligence jeter un pont entre deux mondes. Je m'engageai sur ce pont et vis qu'il tenait. J'en éprouvai un grand bonheur, un profond apaisement. Depuis longtemps réfugié dans la pensée antiprogressiste hindouiste, gurdjieffien, voyant le monde d'aujourd'hui comme un début d'Apocalypse, n'attendant plus, avec un désespoir très grand, qu'une vilaine fin des temps et pas très assuré dans l'orgueil d'être à part, voici que je voyais le vieux passé et l'avenir se donner la main. La métaphysique de l'alchimiste plusieurs fois millénaire cachait une technique enfin compréhensible, ou presque, au XXe siècle. Les techniques terrifiantes d'aujourd'hui ouvraient sur une métaphysique presque semblable à celle des anciens temps. Fausse poésie, que mon retrait ! L'âme immortelle des hommes jetait les mêmes feux de chaque côté du pont.

Je finis par croire que les hommes, dans un très lointain passé, avaient découvert les secrets de l'énergie et de la matière. Non seulement par méditation, mais par manipulation. Non seulement spirituellement, mais techniquement. L'esprit moderne, par des voies différentes, par des routes longtemps déplaisantes, à mes yeux, de la raison pure, de l'irréligiosité, avec des moyens différents et qui m'avaient longtemps paru laids, s'apprêtait à son tour, à découvrir les mêmes secrets. Il s'interrogeait là-dessus, il s'enthousiasmait et s'inquiétait à la fois. Il butait sur l'essentiel, tout comme

l'esprit de la haute tradition.

Je vis alors que l'opposition entre la « sagesse » millénaire et la « folie » contemporaine était une invention de l'intelligence trop faible et trop lente, un produit de compensation pour intellectuel incapable d'accélérer aussi fort que son époque l'exige.

Il y a plusieurs façons d'accéder à la connaissance essentielle. Notre temps a les siennes. D'anciennes civilisations eurent les leurs. Je ne parle pas uniquement de connaissance théorique.

Je vis enfin que, les techniques d'aujourd'hui étant plus puissantes, apparemment que les techniques d'hier, cette connaissance essentielle, qu'avaient sans doute les alchimistes (et d'autres sages avant eux), arriverait jusqu'à nous avec plus de force encore, plus de poids, plus de dangers et plus d'exigences. Nous atteignons le même point que les Anciens, mais à une hauteur différente. Plutôt que de condamner l'esprit moderne au nom de la sagesse initiatique des Anciens, ou plutôt que de nier cette sagesse en déclarant que la connaissance réelle commence avec notre propre civilisation, il conviendrait d'admirer, il conviendrait de vénérer la puissance de l'esprit qui, sous des aspects différents, repasse par le même point de lumière en s'élevant en spirale. Plutôt que de condamner, répudier, choisir, il conviendrait d'aimer. L'amour est tout : repos et mouvement à la fois.

Nous allons vous soumettre les résultats de nos recherches sur l'alchimie. Il ne s'agit, bien entendu, que d'esquisses. Il nous faudrait dix ou vingt ans de loisir, et peut-être des facultés que nous n'avons pas, pour apporter sur le sujet une contribution réellement positive. Cependant, ce que nous avons fait et la manière dont nous l'avons fait, rendent notre petit travail très différent des ouvrages jusqu'ici consacrés à l'alchimie. On y trouvera peu d'éclaircissements sur l'histoire et la philosophie de cette science traditionnelle, mais quelques lueurs sur des rapports inattendus entre les rêves des vieux « philosophes chimiques » et les réalités de la physique actuelle. Autant dire tout de suite nos arrière-pensées :

L'alchimie, selon nous, pourrait être l'un des plus importants résidus d'une science, d'une technique et d'une philosophie appartenant à une civilisation engloutie. Ce que nous avons découvert dans l'alchimie, à la lumière du savoir contemporain, ne nous invite pas à croire qu'une technique aussi subtile, compliquée et précise, ait pu être le produit d'une « révélation divine » tombée du ciel. Ce n'est pas que nous rejetions toute idée de révélation. Mais nous n'avons jamais constaté, en étudiant les saints et les grands mystiques, que Dieu parle aux hommes le langage de la technique : « Place ton creuset sous la lumière polarisée, ô mon Fils ! Lave les scories à l'eau tridistillée. »

Nous ne croyons pas non plus que la technique alchimique ait pu se développer par tâtonnements, minuscules bricolages d'ignorants, fantaisies de maniaques du creuset, jusqu'à aboutir à ce qu'il faut bien appeler une désintégration atomique. Nous serions plutôt tentés de croire que résident dans l'alchimie des débris d'une science disparue, difficiles à comprendre et à utiliser, le contexte manquant. A partir de ces débris, il y a forcément tâtonnements, mais dans une direction déterminée. Il y a aussi foisonnement d'interprétations techniques, morales, religieuses. Il y a enfin, pour les détenteurs de ces débris, l'impérieuse nécessité de garder le secret.

Nous pensons que notre civilisation, atteignant un savoir qui fut peut-être celui d'une précédente civilisation, dans d'autres conditions, avec un autre état d'esprit, aurait peut-être le plus grand intérêt à interroger avec sérieux l'antique pour hâter sa propre progression.

Nous pensons enfin ceci : l'alchimiste au terme de son « travail » sur la matière voit, selon la légende, s'opérer en lui-même une sorte de transmutation. Ce qui se passe dans son creuset se passe aussi dans sa conscience ou dans son âme. Il y a changement d'état. Tous les textes traditionnels insistent là-dessus, évoquent le moment où le « Grand Œuvre » s'accomplit et où l'alchimiste devient un « homme éveillé ». Il nous semble que ces vieux textes décrivent ainsi le terme de toute connaissance réelle des lois de la matière et de l'énergie, y compris la connaissance technique. C'est vers la possession d'une telle connaissance que se précipite notre civilisation. Il ne nous paraît pas absurde de songer que les hommes sont appelés, dans un avenir relativement proche, à « changer d'état », comme l'alchimiste légendaire, à subir quelque transmutation. A moins que notre civilisation ne périsse tout entière un instant avant d'avoir touché le but, comme d'autres civilisations ont peut-être disparu. Encore, dans notre dernière seconde de lucidité, ne désespérerions-nous pas, songeant que si l'aventure de l'esprit se répète, c'est chaque fois à un degré plus haut de la spirale. Nous remettrions à d'autres millénaires le soin de porter cette aventure jusqu'au point final, jusqu'au centre immobile, et nous nous engloutirions avec espérance.

Louis Pauwels, Jacques Bergier,
Le Matin des magiciens,
Gallimard, 1960

Le Maître

Paolo Lucarelli, alchimiste élève d'Eugène Canseliet, l'héritier du savoir de Fulcanelli, évoque dans un article chargé d'émotion l'événement qui l'amena à rencontrer en 1975, enfin face à face, l'homme qui allait devenir son Maître.

Je crois de pouvoir affirmer sans crainte de démenti que la rencontre avec un Maître est rarissime aujourd'hui (ainsi qu'autrefois, d'ailleurs). Et pourtant, si l'on observe notre époque, il semble qu'il n'y ait jamais eu une autre période dans l'histoire, où les hommes en aient été tant accablés. Dans les vitrines des librairies, les salles de conférence, les clubs, jusque dans le petit écran de la télévision, les maîtres – la «m» minuscule sans doute – s'offrent pour nous révéler la voie pour la «réalisation de l'homme».

Qui, comme moi, a reçu le bénéfice, qui est déjà un Don de Dieu, de l'enseignement d'un Maître, reste bien attristé de l'erreur de ceux-là qui échangent l'or contre le laiton.

Hélas, nos contemporains ont des idées sur la maîtrise. Le maître doit être beau, hautain, grande taille, yeux bleu foncé, riche chevelure, air magnétique, voix superbe. Il doit arriver de loin : c'est préférable s'il vient d'une contrée quelque peu mystérieuse, mais enfin, le Tibet peut suffire.

Pour terminer l'esquisse, n'oublions pas qu'il doit faire des miracles. Ou, pour mieux nous entendre, l'on doit raconter qu'on a ouï dire qu'il fasse des miracles. Petits miracles, l'on ne doit pas exagérer avec ces choses-là. Par exemple, il suffit que de temps en temps il soit lumineux, ou délicieusement parfumé, bien que la lévitation ait ses partisans irréductibles.

L'on m'a demandé : parle-nous de ton Maître.

J'ai rencontré deux fois Eugène Canseliet, pour la première fois. Non, ce n'est pas une erreur de langage, c'est la vérité. Dans les deux, j'ai connu quelque chose qui est complètement ignoré de la plupart des hommes : la Paix.

La première, elle fut en 1968, quand j'ai acheté casuellement *Les Demeures Philosophales*. La deuxième en 1975, dans un petit village de campagne, en avril, les prés à peine fleuris, dans une région tranquille dont les collines sont parsemées de chênes où les corbeaux nidifient. Un petit carrefour protégé par une croix. Une maison ancienne. Un homme âgé, aux yeux d'enfant joyeux qui souriait doucement au pèlerin qui tapait à sa porte, pour apprendre le Gay Savoir. Voyons donc, vous vous inquiétez, le Maître ne lévite pas !, il n'est pas lumineux !, il n'est pas paru enveloppé

Eugène Canseliet, à l'Œuvre dans son laboratoire.

LA NATURE
À DÉCOUVERT

Pour les Enfans de la Science
seulement
et non pour les Ignorants Sophistes

PAR

LE CHEVALIER INCONNU

LA NATURE À DÉCOUVERT

La Sainte Écriture appelle la matière première, tantost une terre vague et stérile, et tantost Eau. La division a été faite des eaux supérieures des inférieures, en séparant le subtil de l'épais, et le léger comme un esprit du corps matériel. Cet œuvre a été accompli par l'Esprit du corps lumineux; car la lumière est un esprit igné qui, en séparant les hétérogènes, a chassé en bas les épaisses ténèbres de la région voisine, et est plus éminente et plus éclatante; et amassant la matière homogène et subtile, est plus approchante de l'Esprit et l'a allumée en lumière immortelle; et, comme une huile incombustible, devenant le trosne de la Divine Majesté, c'est le Ciel empyrée qui est entre le monde intelligible et le monde matériel, comme l'horizon et le

Sous le pseudonyme du «chevalier inconnu», il faut reconnaître la signature d'Eugène Canseliet.

qu'un enfant vous partage ses richesses? Les yeux souriants, très sérieusement toutefois, il vous montrera une spirale de fer, ou une bille de verre coloré, et c'est à vous de comprendre alors que ce n'est pas là le trésor, mais que ces petites choses sont les clefs pour pénétrer dans le monde des fées où tout est merveilleux, et tout est possible. Des petites choses, partout répandues: pour les connaître, il faut seulement qu'un enfant vous les découvre, ce qui est fort rare!

Le Maître a ouvert la porte du sanctuaire, tout bonnement. Comme un enfant, il m'a dévoilé ses trésors.

Mon initiation, pour laquelle je peux bien lui dire, comme Pyrophile:

«Je vous suis redevable tout ce que j'en sçay et de ce que j'espère encore pénétrer dans les mystères Philosophiques...

Il ne me reste plus qu'à vous rendre de très-humbles grâces de ce que vous avés bien voulu me traitter en Enfant de la science, me parler sincèrement, et m'instruire dans de si grands mistères, aussi clairement, et aussi intelligiblement, qu'il est permis de le faire, et que je pouvais le souhaiter.

Je vous proteste que ma reconnoissance durera tout autant que ma vie.»

de Lavena, ce 4 février 1980

Lucarelli, *Atlantis*, 1980

d'une longue tunique haranguant la foule des disciples de sa voix grondante! Non, messieurs, je l'avoue.

Mais j'oublie de vous dire que tout était en paix dans cette maison, des pierres du jardin aux tuiles du toit, le monde avait arrêté ses tourbillons, cristallisé les choses, adouci les contours... Si je devais décrire en peu de mots le Maître, ce qui serait en tout cas impossible, je dirais: c'est un homme pacifique.

On m'a demandé: qu'est-ce que tu dois à ton Maître?

Il s'attendait peut-être que je lui répondisse: l'initiation aux mystères. Voilà encore un vocable qui nous suggère des images bien fausses: des caves ténébreuses où un quelconque hiérophante d'une secte secrète vous conduit au front d'un autel pour un rite compliqué, à la fin duquel quelqu'un vous murmurera à l'oreille «la parole».

C'est beaucoup plus simple, et beaucoup plus difficile. Vous pouvez passer tout près du sanctuaire et vous ne le verrez pas. Vous rencontrerez le Maître, et vous ne le reconnaîtrez pas.

Avez-vous jamais joui de ce privilège,

Canselliet à l'œuvre : la grande coction

La grande coction constitue le troisième œuvre, celui qui exige l'aide constante de l'esprit cosmique. Canseliet en fait au cours de nombreuses années un compte rendu épistolaire, dont cette lettre relative à une tentative… à l'aide d'un petit fourneau fonctionnant au gaz butane.

Ce 21 mai 1951

Mon bien cher vieux,

La grande coction se poursuit sans accroc, avec la régularité d'une horloge et d'une manière apparemment si simple et facile, que je ne puis chasser l'appréhension que ne se produise, d'un moment à l'autre, quelque catastrophe qui ne vienne tout anéantir et me faire chèrement payer, par une brutale désillusion, ces ineffables heures d'espoir surhumain et d'intense félicité.

Quelle prodigieuse *harmonie* que cette opération, quelle suave poésie également dont le vocable grec révèle sans embages, l'essence non pas seulement abstraite et métaphysique, mais encore positive et scientifique : Ποιεσισ, Poiesis, *confection, exécution, opération.*

Plus de doute maintenant, mon bon vieux, et si *Dieu le veut*, j'en aurai ce soir la confirmation, le noir dure 6 jours et l'*hebdomas hebdomarum* des Adeptes est très réelle, que termine le 7ᵉ jour, celui du repos. Au cours de ce dernier doivent se succéder rapidement les deux étapes du blanc et du rouge, avec, certainement, l'absence de toute difficulté que rappelle la quiétude du dimanche *ou jour du seigneur*. Ainsi je devrai entendre ce soir la note fermant le dernier jour du travail, c'est à dire la 6ᵉ, en même temps que la série sonore dont le crescendo s'est montré aussi sûrement sensible à mon oreille que la progression graduée du poids et de la chaleur dans leur constant synchronisme. Voici les poids relevés dans le temps même où se faisait entendre chacun des légers sifflements (+ compris) : ré (333,65); mi (354,8); fa (368,6); sol (396); la (423,5); si (440,60).

Je me tiens présentement à 500° selon que me le permet, aussi bien que possible, mon pyro excellent, mais dont les divisions vont par 20. L'appareil est cependant très juste puisque le compost n'en souffre pas, dont la croûte protectrice est immuable et ne se soulève pas, nonobstant, l'énorme augmentation de poids présentement passé déjà à 440,6. Je remarque que les paliers sonores ne sont pas rigoureusement de 24 h., qu'ils varient de 10 à 12 minutes, ainsi que je le vérifie sur la pendule de la salle à manger qui est d'une grande exactitude. Cela me semble particulièrement singulier.

Eugène Canseliet, *L'Alchimie expliquée sur ses textes classiques*, Pauvert, Paris, 1972 (réed. 1980)

Petit traité à l'usage du débutant

Dans un esprit charitable, l'un des élèves de Canseliet consentit à prendre par la main le néophyte, et à guider ses premiers pas au travers des «forêts de symboles» et les messages initiatiques, dans le «jardin hermétique».

Donc, ami qui débute et qui déjà te passionne d'Alchimie, tu vas te mettre en quête de littérature afin d'en extraire le savoir dont tu es avide ; tu trouveras ainsi chez d'autres auteurs ce que je n'ai pas cru devoir répéter. Tous les ouvrages qui parlent d'alchimie ne sont pas recommandables, il en est même de fort mauvais, surtout chez les modernes. Il te faut donc un certain discernement dans le choix. Sache ici que la faculté de reconnaître le bon du mauvais te sera donnée par la *vocation* dont c'est la première *grâce*. Si tu n'avais ce *don*, mieux vaudrait renoncer à des études qui ne te mèneraient nulle part pour ce que tu n'y serait pas appelé. Mais si tu n'y entres qu'en dilettante, n'aie crainte car il y a toujours profit à la lecture des Sages ; demeure toutefois conscient qu'il serait dommage de bouleverser ton existence pour finir dans la misère, l'indigence et, surtout, dépourvu de consolation philosophique.

Si tu désires vouer ta vie à la Science, et devenir un Enfant de l'Art, il te faudra, de plus, éviter au mieux d'établir une comparaison entre l'alchimie et la science moderne. S'il y a quelque analogie à retirer de ce cousinage dangereux, tu n'en auras profit que du jour où tu auras le savoir pratique suffisant pour opérer le rapprochement sans risque de le perdre.

Essaie de garder ton esprit libre de toute influence néfaste et ne lis que ce qui porte le sceau de l'œuvre, rejetant les Kant, Jung et *tutti quanti* au profit de Platon, Rabelais, et autres Sages. Tu formeras ainsi, peu à peu, ta pensée sur l'arbre de notre Philosophie afin d'en cueillir les fruits à ta maturité.

Le plus souvent, le débutant est prédisposé à être trop subtil dans ses interprétations et quelquefois, c'est plus rare, il ne l'est pas assez. Il n'est pas facile de savoir tempérer *la lettre et l'esprit*, surtout si l'on manque de pratique. Prends donc garde de ne pas trop renier la première ou d'exalter le second plus qu'il ne le faut. L'harmonie nécessaire entre ces deux se fera peu à peu, en rapport avec ton progrès en notre Science.

Ton premier soin, sera de te familiariser avec les auteurs classiques, commençant par Fulcanelli et Eugène Canseliet. Passé l'étonnement, ayant survolé les multiples énigmes, tu t'appliqueras à l'étude du symbole avec patience. Retiens alors que celui-ci n'a de sens précis que par rapport au contexte où il se trouve et qu'il ne peut avoir de définition définitive. Deux exemples, le premier vulgaire, le second philosophique : si tu transposais un panneau d'interdiction de stationner dans un village de *primitifs*, ce serait pour eux un mystère dont chaque interprétation serait fausse, quoi qu'ils se montreraient fort savants à expliquer les symboles de leur religion ; dans ton étude, tu ne tarderas pas à comprendre que le mot *mercure* désigne un corps *volatil*, or ce terme peut très bien se rapporter à une substance *fixe*, soit qu'on l'observe refroidi, soit qu'on l'envisage comme ayant été cuit avec le *soufre* qui a la propriété de lui couper les ailes, même en l'état de simple amalgame sécable. Tu t'exerceras, en conséquence, à ne pas extraire le symbole de son contexte.

Les années passant, tu parviendras à l'acquisition d'une base théorique *simple* qui te permettra d'accéder à la pratique. Tu sauras, par exemple, réduire la multitude des symboles en quatre éléments, trois principes, deux natures, d'où tu comprendras qu'il existe une analogie étroite entre le feu et la terre, ce que tu déduiras de la similitude flagrante entre l'air et l'eau ; la pratique te le confirmera.

Jean Laplace, *Rudimentum Alchimiae, C'est-à-dire un petit traité d'alchimie à l'usage du débutant*, Bâle, 1996

Du chaos à la lumière

Séverin Batfroi éclaire de façon simple et exhaustive les aspects qui lient étroitement les alchimistes chrétiens à la pratique philosophale. L'esprit le plus entêté de pragmatisme ne manquera de ressentir, entre ces lignes, l'aspiration à la Connaissance, à la Grâce Efficiente, à cette spiritualité syncrétique et contemplative la plus pure qui fonde depuis toujours le medium ermeticum et l'alchimie qui en est la voie expérimentale.

Nous ne sommes pas très loin de pouvoir tendre la main, au-dessus des siècles, à Pythagore et son Ecole qui avaient cherché à construire une grande synthèse de l'Univers sur la base de Lois-Harmonie. Car qui n'aperçoit cette Harmonie de la Nature, de ses lois, de ses initiatives microscopiques ? Celui qui se penche attentivement sur le miroir de la réalité extérieure distingue avec émerveillement, au-delà de quelques laideurs dont les contingences de l'activité purement humaine sont entachées, la grande, l'immense, la sereine Beauté des choses de la Nature.

Jean Charon

Quelle est donc cette étrange volonté qui nous pousse à vouloir entrer dans le plus grand des secrets naturels, celui de la Création ? On pourrait certes croire, non sans pertinence, que les ténèbres de la mort, qui nous enveloppent chaque jour davantage, font que nous tournons résolument et avec une vigueur nouvelle notre face vers le Soleil. C'est que chaque jour est une renaissance mais aussi une échéance supplémentaire qui nous approche de l'Echéance ultime. Sur cette terre, l'homme naît pour assister aux continuelles péripéties de la nature, aux impossibles épousailles des astres qui se poursuivent, aux cycles indéfinis du monde vivant qui de naissance en renaissance tracent dans l'espace la ligne continue de l'Evolution Vitale.

Chaque matin est un miracle, à ce point important et complexe, dans ses architectures cachées, que l'appréhender demeurera à tout jamais impossible pour celui qui n'aura pas été, auparavant, « illuminé ». Dès lors, l'homme se consume pour que tout ce qui est divin en lui retourne à sa source, car il y eut une

EMBLEMA XLII. *De secretis Naturæ.*   177
In Chymicis versanti Natura, Ratio, Experientia & lectio,
sint Dux, scipio, perspicilia & lampas.

La Nature guide l'alchimiste…

source, et elle devint fleuve, et elle devint mer, tellement immense que la terre elle-même aura de la peine à la contenir dans les prochaines décennies. Terrifiant flux et reflux que celui de la marée humaine !

On ne saurait aborder ainsi au débotté un domaine que les Saintes Écritures elles-mêmes délimitent fort mal, qui est celui que traça le Rayon Primordial issu de l'étincelle du « Fiat » unique. Et comment oserait-on aborder l'inabordable, puisque rien, dans le cours inébranlable du temps, ne nous fournit, à quelque moment que ce soit, l'arrêt salutaire, générateur d'Éternité ? Alors seulement se manifestera l'Absolu, qui est cette autre face de la réalité vitale. Bien peu nombreux sont les symboles de ce point fixe, axe privilégié de la contemplation de l'infini du Monde.

Qu'on nous comprenne bien. Il ne s'agit point d'un « axis mundi », d'un essieu autour duquel pivote la roue « horizontale » du zodiaque, et donc, d'une manière générale, d'un haut lieu au sens géographique du terme.

Le Christianisme révèle à l'homme un lieu privilégié universel,

« Tout le monde comprend que cette quadrature est physique et convient à la nature. » (*Atalanta fugiens* de Maier, 1617)

un tabernacle indestructible, celui de son corps. L'Alchimie, quant à elle, propose à l'étudiant de vérifier les modalités de manifestation de toute forme de vie, par le truchement d'un ensemble d'opérations qui permettent à l'artiste de communier à l'universel. Dans ces deux « pratiques », le pivot de la révélation est l'être humain, tel que le Créateur le voulut de toute éternité. Il n'est que de suivre, pour chacune d'elles, l'ouvrage occulte de l'Esprit ; et qu'est donc ce dernier, sinon Lumière ?

L'univers, dans lequel nous allons pénétrer avec le lecteur tout au long des pages subséquentes, est à la fois le plus secret et le plus extraordinaire qui se puisse présenter à l'homme. Il est celui-là même des paradoxes où s'enchevêtrent, à première analyse, difficulté et facilité, obscurité et évidence ; monde complexe de la révélation ultime qui marque les toutes dernières bornes des facultés humaines. Au-delà, c'est le domaine divin, le plan de

Le lion vert, symbole du Mercure, matière de base du Grand Œuvre.

l'éternel présent, de l'Universelle Clarté de l'Esprit, où les réalités se fondent dans l'unité de la Lumière, promise aux hommes depuis la création du monde.

Pareille recherche, en notre siècle vingtième, se montre particulièrement intéressante, bien que la tâche soit immense, qu'il faut aborder humblement, sans présomption aucune. C'est que nous sommes, indéniablement, en une fin de cycle et que pareille période se montre particulièrement féconde en découvertes. Voici venu, au crépuscule de l'Ere des Poissons, l'instant de la grande récapitulation, éclairée par la Révélation.

«Les Etats, les Empires, les Civilisations naissent, grandissent, atteignent l'apogée de leur gloire et de

G ravures extraites du *De distillationibus* publié par G. della Porta à Rome en 1608 : ce sont des vases et leurs symboles associés.

leur puissance, déclinent et s'éteignent, laissant à l'emplacement des villes quelques tombes enfouies dans les sables d'un désert. Mais les civilisations n'ont que tout juste l'importance d'une suite de saisons : un printemps, un été, puis un automne et l'hiver. Les bourgeons éclatent au bout des branches, les feuilles couvrent l'arbre. Puis elles se fanent et tombent; il ne reste plus que l'arbre; après des années ou des siècles, l'arbre s'écroule ou quelque bûcheron le jette à bas; mais la forêt subsiste.» (*La voie triomphale*, par A. Egret, page 13)

Cette sylve indestructible est celle au sein de laquelle s'épanouissent les créatures qui forment le monde et qui suivent, inéluctablement, la ligne de Vie

que leur a tracée leur Créateur.

Et la grande récapitulation que nous vivons est une manière de «parade» finale, à laquelle participent tous les acteurs du drame qui s'est joué sous les cieux, acteurs archétypaux qui se montrent *simultanément* sur la scène du monde.

La vie de l'humanité, hormis le facteur temps, est en tout point semblable à celle de l'homme en tant qu'individu, puisque tous les êtres vivants sont tributaires du «plan existentiel» qui les mène à leur terme. Celui-ci fut choisi par Dieu lui-même et rien ni personne ne pourra jamais détourner la création de la Voie qui lui fut tracée de toute éternité. Certes, le libre arbitre existe et se montre profondément agissant, sur lequel nous reviendrons dans les pages subséquentes. Pour parvenir à ce but, qui est l'Achèvement universel, le temps ne compte pas, puisqu'il n'existe pas en tant qu'entité. La seule réalité est celle dans laquelle sont incluses les formes vivantes; les seules données temporelles réelles sont les rythmes qui qualifient l'histoire de l'Univers et non les durées de vie inhérentes à chacune de ces formes.

La vie d'une planète est semblable *qualitativement* à celle d'une particule atomique dont la durée est infiniment petite, car toutes deux ont pleinement vécu leurs vies respectives. Quant à l'homme, fort de son raisonnement, faculté précieuse mais aussi pernicieuse, il invente de toutes pièces une conclusion à un problème, lorsque celui-ci est par trop ardu. Et celui du Temps l'est au plus au point et se complique à l'extrême si l'on y projette ses propres angoisses. Selon nous, nous le répétons, le Temps n'existe pas, et nous développerons dans l'un de nos chapitres ces propos qui ont peut-être, d'ores et déjà, provoqué bon nombre de haussements d'épaules. Ce que nous entendons dire, plus exactement, c'est qu'il n'est point de *Temps* séparé de l'*Espace*, à tout le moins dans l'univers tel que nous le connaissons, ce qui est également le postulat de la « Relativité restreinte ». Au reste, notre Espace-Temps pourrait fort bien être le « révélateur » d'un Espace-Temps virtuel, qui serait en quelque sorte, le constituant d'un « Univers parallèle »…

En ces temps de récapitulation historique, donc, un flot dense d'idées et de tendances se présente à l'étudiant sincère qui cherche, au-delà des préjugés, la Vérité une et pérenne. Nous avons nous-mêmes plongé résolument et sans espoir de retour dans le courant impétueux de ce torrent qu'est le vingtième siècle, et nous nous devons d'avouer qu'après avoir été ballotté de toutes parts, tel un fétu de paille, il nous reste encore les cicatrices profondes des blessures provoquées par les durs rochers qui ont barré notre route, et qui se proposaient à nous tels des îlots

Deux illustrations tirées de *Della tramutatione metallica* de G. B. Nazari, publié à Brescia en 1572, un monstre figurant la matière originelle et un Mercure amputé…

La dernière planche du *Musaeum Hermeticum*, publié à Francfort en 1625, retrace en dix médaillons la création du monde jusqu'à l'apparition d'Adam et Eve.

illusoires de salut. Longtemps nous avons nagé, avant qu'on nous tende une perche solide. C'était celle d'un passeur, qui naviguait sur les eaux, non point à contre courant, ni même au plus rapide des flots, mais qui suivait le rivage, faisant des haltes fréquentes avec son vaisseau, singulier entre tous. Auparavant, en avions-nous reçus des conseils quant à la conduite de notre nage et en avions-nous bues de longues gorgées de cette eau glaciale ! Rien n'y avait fait : nous avions beau changer notre façon de combattre les flots, nous finissions toujours par nous laisser aller, lassé par tant de stériles efforts, au fil du courant. Ah ! certes, sur le vaste radeau il fallait, maintenant, payer son tribut en travail personnel, tirant sur les cordages, halant l'unique voile, retenant le gouvernail lorsque d'aventure nous nous trouvions engagé dans un rapide impétueux. Parfois nous étions dépassé

par des imprudents qui, tournant tantôt leur visage vers le ciel d'un air béat, nageant sur le dos, cherchaient dans la pluralité des mondes habités les réponses à leurs questions concernant le mystère de la vie ; alors que d'autres, la tête plongée dans l'eau, scrutaient le lit du fleuve, croyant y découvrir quelque signe qui fût de nature à les guider. Les uns comme les autres se brisaient immanquablement les os contre quelque rocher qu'ils n'avaient point eu le loisir de voir, trop absorbés qu'ils étaient par leur stérile recherche. Et puis il se trouvait des égarés qui, nageant à contre courant, entreprenaient un inutile et surhumain effort. Tôt ou tard, ils périssaient noyés, étouffés par les doutes de toutes sortes. Ce n'est certes pas ainsi qu'on retourne aux origines, à la source de ce fleuve universel qui est le dynamisme vital. Notre radeau, quant à lui, venait de cette source elle-même ; il avait traversé chacune des contrées que le fleuve sillonnait depuis que le Créateur, écartant brusquement le rocher qui obstruait l'entrée de la caverne, permît aux Eaux de s'échapper en flots bouillonnants.

Et ce vaisseau souventes fois mis en scène dans les Mythologies, est celui que la ville de Paris porte sur ses armes, nef

Une autre gravure extraite du *De distillationibus* de G. della Porta : un vase alchimique et son animal symbolique.

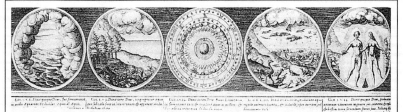

A dam et Eve (à droite) sont ici considérés comme l'homme-soleil et la femme-lune, le couple alchimique primordial.

insubmersible des Philosophes, façonnée avec les arbres de la forêt édénique, qui, des origines à la Fin des Temps, permet aux humbles d'accomplir un agréable voyage. On aura reconnu là, sans doute aucun, l'*Arche hermétique*.

La Vérité prend cependant en ce siècle de curieuses vêtures, en sorte qu'un chercheur qui voudrait se montrer digne de ce nom, se doit d'être plus que jamais, attentif. On croyait les vieilles hérésies mortes depuis que les Conciles s'employèrent à démontrer leurs erreurs, mais il n'en est rien. Le concile de Nicée et le pape Sylvestre ne firent qu'arrêter momentanément en 325, les préjudices de l'Arianisme, alors que l'esprit de Julien l'Apostolat plane encore sur bon nombre de doctrines de l'heure. Semblablement, le Nestorianisme ne s'est pas éteint au concile d'Ephèse en 431. Nous laissons le lecteur chercher par lui-même les lieux où les graines que le vent temporel a poussées jusqu'à nous ont germé, à la faveur des soins de quelques diligents jardiniers, puisque ce n'est point notre intention d'écrire un pamphlet. Au demeurant nous savons que tout ce qui ne suit pas la logique vitale imprimée par Dieu dans l'Univers, meurt irrémédiablement et définitivement. Ces résurgences s'expliquent parfaitement lorsque l'on considère, selon que nous l'avons affirmé plus haut, l'ère de

récapitulation qui est la nôtre. Tous les aspects culturels, philosophiques et scientifiques se proposent indifféremment et c'est à l'homme d'opérer un tri salutaire, idoine à le conduire vers la Vérité ultime.

La route est longue, que nous allons parcourir, et le dessein peut d'ores et déjà paraître prétentieux. Il faut être convaincu cependant qu'en chemin nous attendent bon nombre de surprises, et qu'il nous faudra généreusement le débarrasser des ronces qui ralentissent toute progression. Celles-ci sont constituées par les idées reçues et les théories fumeuses, issues principalement de l'orgueil et de l'ignorance qui aveuglent trop souvent l'homme. Dès lors toute tiédeur devient préjudiciable, que nous devons remplacer par une vigoureuse et saine défense de la Vérité.

Nous convions donc le lecteur à nous accompagner un temps sur cette *voie lactée* qui mène à Compostelle où l'Etoile scintille. Que nous imprimions de concert nos pas sur le sable d'une route où la solitude demeure bien souvent, hélas ! le lot commun du voyageur, et que de la matière à la Lumière Essentielle nous bénéficiions des accords suaves de la Musique des Sphères qui témoigne de l'Harmonie du Monde.

Séverin Batfroi, *Du Chaos à la lumière*, Editions Trédaniel, 1978

L'alchimie aujourd'hui

Entre 1926 et 1929, l'éditeur Schemit publie à Paris deux volumes qui doivent révéler au monde la pensée et la sagesse d'un homme extraordinaire : ils s'intitulent Le Mystère des cathédrales *et* Les Demeures philosophales. *Leurs pages laissent transparaître un incroyable postulat : l'alchimie vit encore ! Mais qui donc était ce Maître qui, sur les voies de l'Antique Tradition, affirmait, en plein vingtième siècle, avoir fabriqué la pierre philosophale ? Hélas, personne, hors son disciple, n'a jamais connu sa véritable identité et aujourd'hui la seule chose qui demeure est le légendaire pseudonyme duquel il a signé ses œuvres :*

Disparue des pages de la culture officielle, l'alchimie avait continué un chemin souterrain à travers tout le XVIIIᵉ siècle. Peu de philosophes avaient osé s'exposer à publier les œuvres qui révélaient leur adhésion à la pratique philosophale. Parmi ceux-ci, il faut retenir, certainement, les noms de Cyliani et Pernety. Occulte, la Tradition était pourtant restée vivace. L'on parlait d'alchimie dans les cercles maçonniques les plus ésotériques, et il est certain que sa pratique s'était poursuivie, en grand secret.

Dans des époques plus proches de la nôtre, l'on pouvait présager sa disparition. Il exista bien des écrivains qui la prirent dans leurs trames et au premier rang de ceux-ci Howthorn, Meyrink et Yates ; il y eut aussi des mouvements d'inspiration vaguement ésotérique, qui, d'une certaine manière s'en recommandaient (citons par exemple Golden Dawn et Thelesma), mais en réalité tout portait à croire que les traces de la véritable alchimie eussent été désormais effacées pour toujours…

Le mystère… de Fulcanelli

A l'époque de leur parution, les deux livres de Fulcanelli firent en vérité l'effet d'une petite météore chutant violemment dans les eaux tranquilles d'un étang.

Leur tirage fut d'abord limité, destiné qu'il était à ce cercle restreint d'amateurs de l'insolite gravitant autour de son éditeur. Ensuite pourtant, comme une onde qui se déplie propageant autour d'elle les effets de sa cause, leur diffusion fut inimaginable, telle que jamais n'avait auparavant atteint aucun livre d'alchimie. Que ceci ne nous surprenne pas : sacrées étaient les paroles de Fulcanelli, et le sacré est l'essence de l'homme. Voici pourquoi son enseignement ne put s'attacher aux cœurs auxquels une telle spiritualité était retirée par les temps eux-mêmes.

Jour formidable, lorsque l'élève préféré porta à l'éditeur le pli contenant, d'une splendide graphie manuscrite, les œuvres du Maître qui voulait dissimuler au monde son identité ! Après la première édition luxueuse, d'autres suivirent : une, deux, trois… toutes enrichies des préfaces d'Eugène Canseliet. Les traductions furent innombrables et *Le Mystère des cathédrales* et *Les Demeures philosophales* devinrent des best-sellers internationaux.

L'alchimie, comme le phénix, se relevait ainsi de ses cendres, plus fort que jamais, ressurgi du mythe de l'Adepte, que l'art royal avait confié à ce siècle.

Aujourd'hui encore, l'on se perd dans les hypothèses ; les enquêtes se succèdent à tenter de donner visage, une identité à celui qui marqua le réveil hermétique. L'un l'assimile au peintre Julien Champagne, l'autre au libraire Dujols, qui encore à Canseliet lui-même. Jacques Bergier affirme l'avoir rencontré en 1937 [Louis Pauwels, Jacques Bergier, *Le Matin des musiciens*, Gallimard, 1960] ; il n'était, d'après son témoignage, aucun des trois personnages à l'instant cités, mais bien un ingénieur de la Compagnie du Gaz de Paris, qui au cours d'une longue conversation, put, entre autres, l'éclairer sur les périls que portait la puissance de l'énergie nucléaire.

Et c'est justement après cet ingénieur mystérieux que, durant la Seconde Guerre mondiale, les services secrets alliés lancèrent une véritable chasse à l'homme, croyant qu'il était en possession des connaissances nécessaires à produire la bombe atomique.

Une chose reste certaine, toutefois : entre légende et réalité, innombrables furent les histoires qui le prirent pour protagoniste.

La plus incroyable, qui faisait de Fulcanelli le chef d'un important nucleus de la résistance antinazie, le Cavalier blanc, inspira le roman de Gilbert Gadoffre *Les Ordalies*, dans lequel est retracée – non sans quelque fantaisie – la mystérieuse disparition de l'Adepte ; Fulcanelli n'était pas mort, mais il avait simplement disparu de ce plan-ci de l'existence…

Une autre cause du mythe de Fulcanelli est le récit que fit plus d'une fois le même Canseliet, l'élève affirmant avoir revu le Maître des années après sa disparition. Un fait, entre tous, mérite notre attention : Canseliet rapporte qu'alors que lui-même avait déjà atteint le vieil âge, Fulcanelli présentait encore l'aspect d'un homme de quarante ans !

Le Dossier Fulcanelli

Nous ne savons rien de qui initia Fulcanelli, et nous pouvons ajouter que son histoire commence de la première rencontre qu'il eut avec celui qui devait devenir son fidèle élève et « apôtre ».

Canseliet nous raconte l'avoir rencontré à Marseille, dans les années où celui-ci fréquentait l'Ecole des beaux-arts. C'était le premier chapitre d'une amitié destinée à durer, ininterrompue, jusqu'à la disparition du Maître.

Une fois Fulcanelli retourné à Paris, Canseliet le suivit et, avec d'autres passionnés, fonda le cénacle initiatique des Frères d'Héliopolis, une association destinée à l'étude de l'alchimie traditionnelle rassemblée autour de l'enseignement du Maître. A partir des récits de Canseliet, en vérité toujours assez vagues, nous pouvons émettre l'hypothèse que le groupe se réunissait pour des sessions d'étude sur le grand Œuvre et aussi que, souvent, des intellectuels et lettrés que l'hermétisme intéressait purent approcher leurs activités.

On raconte que c'était en 1922 que Fulcanelli parvint à l'Œuvre le plus extraordinaire que jamais il advint à l'homme d'accomplir. Il réalisa la Pierre philosophale, la prépara en poudre de projection et en donna une portion à Eugène Canseliet, qui de celle-ci, dans son petit laboratoire, en présence de trois témoins, opéra la transmutation de deux cent grammes de plomb en or très pur.

Puis vint pour le Maître le temps de suivre l'exemple des Adeptes du passé et de disparaître lui aussi. Il devait seulement choisir son mode ; beaucoup s'étaient attribué des morts extravagantes et fortement symboliques : qui dévoré par un loup, qui avalé par une baleine, d'autres avaient mis en scène des décès jamais advenus, d'autres encore firent des disparitions spectaculaires. Fulcanelli au contraire, ayant remis les manuscrits définitifs à Canseliet, ayant salué une dernière fois ses disciples, disparut tout bonnement et l'on ne sut de lui plus rien de sûr.

Les élèves, l'école, les revues

Son héritage pourtant va bien au-delà de tout ceci, puisque l'œuvre de Fulcanelli a servi à l'enseignement de presque tous les alchimistes venus après lui.

Ce fut son mérite, en effet, de fonder un nouveau mode de traiter de l'alchimie. Plus de visions révélatrices, aucune autobiographie symbolique, ni notions qui pussent sembler étrangères à une sensibilité moderne. Au lieu de cela, masquées dans les analyses historiques, iconologiques, littéraires et philologiques, voici revenir triomphaux les concepts cardinaux de la philosophie hermétique, les succès de laboratoire, l'art cabalistique des anciens traités.

Il n'y a donc pas de doute : ce sera bien en suivant son chemin que verront le jour les œuvres de ses élèves, parmi lesquels ressort nettement, outre celle de Canseliet, la figure de René Alleau.

Les deux histoires sont similaires mais divergentes ; tandis que Alleau – presque une figure mystique – préféra toujours se tenir à part, suivant en cela l'exemple direct du Maître que jamais il ne connut, Canseliet quand à lui trouva plus opportun de se consacrer entièrement à une œuvre d'« apostolat de l'hermétisme ».

Dès son premier travail littéraire, jamais il ne dissimula d'être alchimiste, et jamais il ne manqua au devoir de dispenser la Doctrine qu'une cause suprême peut-être lui avait confié. Toujours courtois et prodigue de conseil pour tous, il fut le Maître direct et l'initiateur des Philosophes contemporains.

C'est de son enseignement que s'inspirèrent, en France d'abord et ensuite dans toute l'Europe, des revues dédiées exclusivement à ce propos. C'est dans celles-ci que, se réclamant du style de Fulcanelli, l'alchimie revient nous parler à travers l'œuvre des exégètes modernes, tous, ou presque tous, alchimistes, à leur manière.

Rappelons ici les deux revues françaises *Atlantis* et *Tourbe des philosophes*, l'*Ambix* anglaise, les italiennes *Conoscenza religiosa* et *Abstracta*, qui plus d'une fois traitèrent de l'alchimie. Ajoutons encore Batfroi,

Laplace, Beatrice, Lucarelli, noms des élèves de Canseliet, qui par leurs écrits et leur travail quotidien continuent de maintenir vif l'enseignement de Fulcanelli et, avec lui, toujours lumineuse la flamme de l'alchimie traditionnelle.

La contemporanéité des alchimistes présumés ; les « amis de l'alchimie »

Il serait toutefois inexact de limiter le réveil hermétique au cercle restreint des « hommes aux travaux » – si l'on nous en pardonne l'expression.

Après des années dans lesquelles la science officielle a voulu prendre ses distances du monde des alchimistes, dernièrement, de nombreux foyers, l'on assiste à son retour légitime. Et cela, non par l'œuvre des philosophes seulement.

Quelle analogie, en effet, entre les approches les plus récentes de la physique et de la chimie et les prémisses les plus hardies de la philosophie hermétique. Comment ne pas reconnaître, de fait, plus qu'une similitude d'identité, entre le modèle de l'espace temps recourbé sur lui-même formulé par Einstein, et la conception semblable du cosmos, inhérente à la pensée des alchimistes de tous les temps ? Comment ne pas s'apercevoir que la même équation sur laquelle se fondait le rapport énergie-matière ($E=MC^2$) dérivé de l'esprit génial d'Einstein, n'est autre que la rationalisation de l'un des postulats sur lesquels se fondait l'alchimie elle-même ?

Il n'est en effet pas nécessaire de pousser tant l'effort pour trouver aussi de nos jours des « amis de l'alchimie ». Il suffit de regarder attentivement dans le grand nombre des œuvres qui se publient, dans les articles des journaux et des revues, pour s'en rendre compte. Le débat est vif encore et intéressant et le monde académique lui-même semble divisé dans une attitude double qui, si elle se compose d'une part de partisans et de détracteurs, d'autre part montre combien l'intérêt soulevé, en bien ou en mal, est plus vif que jamais.

Alors : comment nous situer face à l'alchimie ? Quelle doit être notre attitude face à ce savoir extraordinaire ? La réponse est simple ! Nous pouvons nous y passionner, ou continuer de penser que l'alchimie représenta et continue de représenter un songe, peut-être le plus beau songe de l'homme. Mais pour parler avec Shakespeare, ne sommes-nous faits nous-mêmes de la même matière dont sont faits les songes ?

Et alors, retournons scruter d'un intérêt renouvelé l'univers qui nous entoure ; ouvrons notre esprit à l'insolite et à l'improbable et commençons à nous prendre de curiosité pour les œuvres anciennes qui ornent nos villes.

Et si ainsi, par chance, il nous arrive de faire surgir dans les tours d'une cathédrale gothique un corbeau qui regarde au loin, un dragon posté en garde de trésors inconnus, une salamandre qui brûle dans le feu… souvenons-nous un instant des alchimistes, de leur œuvre millénaire, et faisons en sorte que les paroles d'Eudoxe dans le *Triomphe hermétique*, puissent un jour devenir notre récompense : « Je loue à l'extrême le courage avec lequel je sais que vous avez combattu les discours ordinaires de certains Esprits, qui croient qu'il y aille de leur honneur s'ils ne traitent de fariboles tout ce qu'il ne connaissent pas ; parce qu'ils ne veulent pas que l'on dise que d'autres peuvent découvrir des vérités dont ils n'ont, pour eux, aucune compréhension » (Limojon de Saint-Didier).

Andrea Aromatico, 1996

BIBLIOGRAPHIE

OUVRAGE GENERAUX

- *Bibliographie des Sciences psychiques et occultes* (A.L. CAILLET), Paris, 1912, 3 vol.
- *Bibliotheca Chemica Curiosa* (J.-J. MANGET), Genève, 1702, 2 vol.
- *Bibliotheca Esoterica*, Dorbon, Paris, 1938
- *Bibliothèque des Philosophes chimiques* (SALMON), Paris, 1741, 4 vol.
- *Collection des anciens alchimistes grecs* (BERTHELOT et RUBELLE), Paris, 1888, 3 vol.
- *Deutsches Theatrum Chemicum*, (ROTH-SCHOLZ), Berlin, 1732
- *Histoire de la philosophie hermétique accompagnée d'un catalogue raisonné des écrivains de cette science* (LENGLET-DUFRESNOY), Paris, 1742
- *Theatrum chemicum britannicum* (ELIAS ASHMOLE), Londres, 1652
- *Theatrum chemicum præcipuos selectorum auctorum tractatus de Chemiæ et Lapidis Philosophici antiquitate jure, præstantia et operationibus continens* (LAZARE ZETZNER et ISAAS HABRECHT), Argentorati, 1613-1622 et 1661, 6 vol.

PRINCIPAUX OUVRAGES CRITIQUES

ALLEAU (René) - *Aspects de l'alchimie traditionnelle*, Paris, 1953, rééd. 1970.
ALLENDY (R.) - *L'Alchimie et la médecine*, Paris, 1953, rééd. 1970.
AMADOU (Robert) - *L'Occultisme*, Paris, 1950.
AMADOU (R.) et KANTERS (R.)
- *Anthologie littéraire de l'occultisme.*
AMBELAIN (R.) - *L'Alchimie spirituelle*, Paris, 1953.
BACHELARD (G.) - *La Psychanalyse du feu*, Paris, 1938. - *L'Eau et les rêves*, Paris, 1942. - *L'Air et les songes*, Paris, 1943. - *La Terre et les rêveries du repos*, - *La Terre et les rêveries de la volonté*, Paris, 1948, 2 vol. - *La Formation de l'esprit scientifique*, Paris, 1969.
BARBAULT (A.) - *L'Or du millième matin*, Paris, 1970.
BARDEAU (F.) - *Les Clefs secrètes de la chimie des anciens*, Paris, 1975.
BATFROI (S.) - *Alchimie et révélation chrétienne*, Paris, 1976.
BURCHARDT (T.) - *Alchemie. Sinn und Weltbild*, Olten, 1960, trad. *L'Alchimie, science et sagesse*, Paris, 1974.
CARBONELLI (G.) - *Sulle Fonti Storiche della Chimica e dell'Alchimia in Italia*, 1925.
CARON (R.), HUTIN (S.) - *Les Alchimistes*, Paris, 1964.
CRISCIANI (C.), GAGNON (C.) - *Alchimie et philosophie au Moyen Age*, Montréal, 1980.
DE BROGLIE (J. A.) - *Le Sablier d'or, recherche sur l'œuvre alchimique*, Paris, 1971.
ELIADE (M.) - *Yoga, essai sur les origines de la mystique indienne*, Paris, 1936. - *Cosmologie si Alchimie babiloniana*, Bucarest, 1937. - *Metallurgy, Magic and Alchemy*, «Cahiers de Zalmoxis», Paris, 1938. - *Forgerons et alchimistes*, Paris, 1956, rééd. 1968.
FESTUGIERE (Le R. P.) - *La Révélation d'Hermès Trismégiste*, Paris, 1944.
FLAMAND (E. C.) - *Erotique de l'alchimie*, Paris, 1970.
GANZENMULLER (W.) - *Die Alchemie im Mittelalter*, Paderboorn, 1938, trad. *L'Alchimie au Moyen Age*, Paris, 1938, rééd. 1974.
GRILLOR DE GIVRY - *Le Musée des Sorciers, Mages et Alchimistes*, Paris, 1929.
GUENON (R.) - *La Grande Triade*, Paris, 1946.
HALLEUX (R.) - *Les Textes alchimiques,*

Turnhout, 1979.
HOLMYARD (E.J.) - *The works of Geber*,
London, 1928. - *The great Chemists*, London,
1928. - *L'Alchimie*, Paris, 1979.
HUTIN (S.) - *L'Alchimie* (collection «Que sais-
je»), Paris, 1950. - *Histoire de l'alchimie, de la
science archaïque à la philosophie occulte*,
Verviers, 1971. - *La Vie quotidienne des
alchimistes au Moyen Age*, Paris, 1977.
JUNG (C.G.), VON FRANZ (M.L.) -
Mysterium coniunctionis, Zürich, 1955-56.
KOYRE (Alexandre) - *Mystiques, spirituels,
alchimistes du XVIe siècle allemand*, Paris, 1955,
rééd. 1971.
KRAUS (Paul) - *Jabir Ibn Hayan, contribution
à l'histoire des idées scientifiques dans l'Islam*,
Le Caire, 1942-43, 2 vol.
MAC LEAN (A.) - *The Crowning of Nature*,
Edimburgh, 1980.
MONOD-HERZEN (G.) - *L'Alchimie et son
code symbolique*, Monaco, 1978. - *L'Alchimie
méditerranéenne*, Paris, 1963.
MUTTI (C.) - *Pittura e Alchimia. Il linguaggio
ermetico del Parmigianino*, Parme, 1978, trad.
Symbolisme et art sacré en Italie, Milan, 1980.
PERROT (E.) - *La Voie de la transformation
d'après C.G. Jung et l'alchimie*, Paris, 1970.

RAGON (J. M.) - *De la maçonnerie occulte
et de l'initiation hermétique*, Nice, 1947.
SADOUL (J.) - *Le Trésor des alchimistes*, Paris,
1970. - *Le Grand Art alchimique*, Paris, 1973.
SAVORET (A.) - *Qu'est-ce que l'Alchimie?*,
Paris, 1947. - *Alchimie*, Paris, 1978.
TAYLOR (F. Sherwood) - *The Alchemists
Founders of Modern Chemistry*, London, 1951.
THORNDIKE (L.) - *History of Magic and
Experimental Science*, New York, 1923-41, 6 vol.
WIRTH (Oswald) - *Le Symbolisme hermétique*,
Paris, 1936.
YATES (F.A.) - *The Rosicrucian Enlightment*,
Londres, 1972.
YGE (Claude d') - *Anthologie de la Poésie
hermétique*, Paris, 1948.
ZOLLA (E.) - *Le Meraviglie della natura.
Introduzione all'alchimia*, Venezia, 1991.

PRINCIPAUX TRAITÉS

ABRAHAM (Portaleone de Mantoue) - *De
Auro dialogi tres*, Venetiis, 1584.
ABRAHAM - *Préceptes et instructions du père
Abraham à son fils contenant la vraie sagesse
hermétique*, in Bibl. des Phil. Chim (1754), IV,
552-65.
AGRICOLA (G.) - *De re metallica*, libri XII,
Basileæ, 1556.
ALAIN DE LILLE - *De lapide philosophico,
Lugduni Batavorum*, 1599.
ALBERT LE GRAND (Traités attribués à) -
Epistel oder Send-Brief des Kaysers Alexandri…,
in Deutsches Theat. Chem. von Roth-Scholtz,
1752, III, 227-44.
ALI PULI - *Centrum Naturæ concentratum
oder ein tractat von dem Wiedergebohrnem Salz
der Natur*, Franckfurt, 1756.
ALTUS - *Mutus liber in quo tamen tota
Philosophica hermetica figuris hieroglyphicis
depingitur*, La Rochelle, 1677.
AMELUNGHI (Petrus) - *Tractatus nobilis
primus in quo de Alchimiæ inventione, necessitate
et utilitate agitur*, Lipsiæ, sumptibus Apellii, 1607.
- *Apologia, seu tractatus nobilis secundus pro
defenione Alchimiæ adversus Bockelium*,
Lipsiæ, 1608.
ANDREÆ (Johann Valentin) - a) *Chymische
Hochzeit Christiani Rosenkreutz*, Anno 1459,
Strasbourg, 1616 - b) *Les Noces de Christian
Rosenkreutz*, trad. par Auriger, Paris, 1928.
ANGELIQUE (Le Sieur de) - *La Vraie Pierre
philosophale de médecine trouvée par le moyen
des sept planètes*, Paris, 1928.

AURACH (Georgius) - *Lapide Philosophorum*, Basilæ, 1686.

AQUIN (Saint Thomas d') (attribué à) a) *Secreta alchemiæ magnalia…*, Lugduni Batavorum ex officina Thomæ Basson, 1592. - b) *Traité de la Pierre philosopohale, suivi du Traité sur l'Art de l'Alchimie*, Paris, Chamuel, 1898.

ARNAULD DE VILLENEUVE (Arnaldus de Villanova) - a) *Thesaurus thesaurorum seu Rosarius philosophorum ac omnium secretorum maximum secretum…*, Francoforti, 1603. - b) *Hæc sunt opera Arbnaldi de Villanova quæ in hoc volumine continentur*, Lyon, 1504.

ARNAULD (Pierre, sieur de la Chevallerie) - *Philosophie naturelle de trois anciens philosophes renommés : Artéphius, Flamel et Synesius, traitant*

Britannicum, Londres, 1652.

AUGURELLE - *Vellus Aureum et Chrysopæia*, Hambourg, 1716.

AUREA CATENA HOMERI - *Aurea Catena Homeri…*, Franckfurt, 1723. - b) Trad. La Nature dévoilée, Paris, 1722.

AVICENNE (Ibn Sina) - *Opera medica*. Romæ in Typographia Medicea, 1593.

BACON (Roger) - a) *Le Miroir d'Alquimie de Roger Bacon philosophe très excellent traduict de français par un gentilhomme du Dauphiné* (Nicolas Barnaud), Lyon, 1557. - b) *Lettre sur les prodiges de la nature et de l'art*, trad. et comm. de A. Poisson, Paris, 1893.

BALDUINUS (Christian Adolphe) - *Aurum superius et inferius auræ superioris et inferioris*

de l'art occulte et de la transmutation métallique, Paris, d'Houry, 1682.

ARTEPHIUS - *Artefii Clavis majoris sapientæ*, Argentorati, 1699. - b) *Traité de la Pierre Philosophale*, trad. P. Arnauld, sieur de la Chevallerie, Paris, 1612.

ATREMONT (LE SIEUR D') - *Le Tombeau de la pauvreté dans lequel il est traité clairement de la transmutation des métaux*, Paris, L. d'Houry, 1681.

ASHMOLE (Elias) - *Theatrum Chemicum*

hermeticum, Amstelodami apud J. Jansonnium, Wæsberge, 1675.

BARCHUSEN (J.C.) - *Pyrosophia, succincte atque breviter latro Chemiam, rem metallicam et Chrysopæiam pervestigans*, Lugduni Batavorum, 1698. - *Le Traité symbolique de la pierre philosophale en 78 figures*, Lyon, 1942.

BARLET (Annibal) - *Le vray et méthodique cours de la Physique résolutive, vulgairement dite Chimie… pour connaître la Théotechnie ergocosmique, c'est-à-dire l'Art de Dieu en l'ouvrage de l'Univers*, Paris, 1653.

BARNAUD (Nicolas) - *Quadriga aurifera, nunc primum a Nicolao Barnaudao…*, Leyde, 1599.

BASILE VALENTIN - *Les Douze Clefs de philosophie de frère Basile Valentin, religieux de l'Ordre de Saint Benoist, traictant de la vraye medecine metallique. L'Azoth ou le moyen de faire l'or caché des philosophes*, trad., Paris, 1624. - *Révélation des mystères et des teintures essentielles des sept métaux et de leurs vertus médecinales*, Paris, 1645. - *Tractatus chymico-philosophicus…*, Francoforti ad Mænum, 1676. - *Cursus triomphalis antinomii*, Leipzig, 1604. - *Tractata von dem grossen Stein der Uralten…*, Leipzig, 1612.

BENEDICTUS - *Liber Aureus de principiis Naturæ et Artis*, Francofort, 1630.

BERNARD LE TREVISAN - *La Parole délaissée*, Bibl. Phil. chim., t. II (1741), pp. 400-436. - *Traité de la philosophie naturelle des métaux*, ibid. - *Le Songe verd, véridique et véritable parce qu'il contient la vérité*, ibid., pp. 437-46.

CANSELIET (Eugène) - *Deux Logis alchimiques*, Schemit, Paris, 1945. - *Alchimie. Etudes diverse de symbolisme hermétique et de pratiques philosophales*, Paris, 1964. - *L'Alchimie expliquée sur les textes classiques*, Paris, 1972.

CHRISTOPHE DE PARIS - *Elucidarium, seu Artis transmutatoriæ metallorum summa major de opere vegetabili et minerali*, Paris, 1649.

CLAVES (Gaston de, dit Dulco) - *Apologia Chrysopœiæ et Argyropœiæ*, in Theat. Chem., t. II. - *Philosophia Chemica*, Lyon, 1612. - *De recta et vera ratione prognignendi lapidis philosophici*, in Theat. Chem., t. IV.

COLLESON (Jean) - *L'Idée parfaite de la philosophie hermétique*, Paris, 1719.

CYLIANI - *Hermès dévoilé*, Paris, 1832.

DAUSTIN (John) - *Rosarium, arcanum philosophorum secretissimum comprehendens* in Manget, Bibl. Chem., t. II, p. 309.

DEE (John) - *Monas Hieroglyphioca* in Theat. Chem., 1613.

ECK DE SULZBACH - *Clavis philosophorum, ludus puerorum secretissimum comprehendens* in Manget, Bibl. Chem., t. II, p. 309.

ESPAGNET (d') - *Enchyridion Physicæ restitutæ*, Paris, 1608. - *La Philosophie naturelle restablie en sa pureté…*, trad. de Jean Bachou, Paris, 1651.

ETTEILA (Alliette) - *Les Sept Nuances de l'œuvre philosophique hermétique*, s. l., 1786.

FLAMEL (Nicolas) - *Explication des figures hiéroglyphiques du cimetière des SS. Innocents à Paris*, in Bibl. Phil. chim., II, p. 195, Paris, 1741.

- *Le Sommaire philosophique*, in Bibl. Phil. chim., II, p. 285.

FULCANELLI - *Le Mystère des cathédrales et l'interprétation des symboles ésotériques du Grand Œuvre*, Paris, 1926. - *Les Demeures philosophales et le symbolisme hermétique dans ses rapports avec l'Art sacré et l'ésotérisme du Grand Œuvre*, Paris, 1930.

GEBER (Djafar) - *Geberi Philosophi ac alchimistæ maximi de alchimia libri tres*, Argentorati, 1529. - *Summa perfectionis Magisterii in sua natura*, Gedani, 1682.

GLAUBER (J.R.) - *Opera Chymica*, Francfort, 1658.

GOBINEAU DE MONTLUISANT - *Enigmes et hiéroglyphes physiques qui sont au grand*

portail de l'église cathédrale et métropolitaine de Notre-Dame de Paris, in Bibl. Phil. chim., t. IV, pp. 307-393, 1754.

GRILLOT DE GIVRY - *Le Grand Œuvre, XII Méditations*, Paris, 1907. - *Lourdes, étude hiérologique*, Paris, 1902.

GROSPARMY (N.), VALOIS (Nicolas) et VICOT - *Abrégé de théorique, Trésor des Trésors, Les cinq Livres*, Manuscrit 2516 (166, S.A.F.), XVIIᵉ siècle, Bibliothèque de l'Arsenal.

GIUIDON DE MONTANOR - *Scala*

Philosophorum, in Manget Bibl. Chem., t. II, pp. 135-147.

GUILLAUME DE PARIS - *Epistola Guillelmi Parisiensis episcopi super alkimia*, Bibl. Nation., MS 7147 (Fds ancien).

HELIAS - *Speculum Alchimiæ*, Francfort, 1614.

HELVETIUS - *Vitulus Aureus*, Amsterdam, 1667.

HERMES (attribué à) - *De Alchymia* - *De Lapidis Physici secreto*. - *Testamentum*, in Manget, Bibl. Chem., t. I.

HESTEAU (Clovis, sieur de Nuysement) - *Traittez de l'Harmonie et constitution générale du vray sel*, Paris, 1620.

HUGINUS A BARMA - *Le Règne de Saturne changé en siècle d'or*, Paris, 1780.

ISAAC LE HOLLANDAIS - *Opera mineralia sive de lapide philosophico*, Arnhemii, 1616.

KHALID - *Liber secretorum alchemiæ* in Theat. Chem., vol. VI in Bibliotheca Mangeti, t. II.
- *Liber trium verborum*, ibid.

KHUNRATH (Heinrich) - *Amphitheatrum Sapientæ Æternæ*, Hanau, 1609.

KLOSSOWSKI DE ROLA (S.) - *Alchimie. Florilège de l'art secret*, Paris, 1974.

LACINIUS (Janus) - *Harmonie mystique ou Accord des philosophes chymiques*, Paris, 1636.

LAVINIUS WENCESLAS DE MORAVIE
- *Traité du ciel terrestre*, in Bibl. phil. chim. (1754), t. II, pp. 566-69.

LENGLET-DU-FRESNOY (N.) - *Histoire de la philosophie hermétique*, La Haye, 1742.

LIBOIS (Etienne) - *Encyclopédie des dieux et des héros sortis des qualités des quatre éléments et de leur quintessence*, Paris, 1773, 2 vol.

LINTHAUT (Henri de) - *L'Aurore*, Manus. Bibl. Arsenal N° 3020 (XVII). - *Commentaires sur le trésor des trésors de Christofle de Gamon*, Lyon, 1610.

LULLE (Raymond) - *Codicillus seu vade-mecum quo fontes alchimiscæ artis ac philosophiæ reconditoris uberrime traduntur*, Coloniæ, 1752.
- *De Alchymia, magia naturali. De decretis Naturæ*, Norrimbergæ, 1546.

MAIER (Michel) - *Atalanta fugiens, hoc est Emblemata nova de Secretiis naturæ chymicæ*, Gravures de T. de Bry, Oppenheim, 1618.
- *Viatorium hoc est de montibus planetarum septem seu metallorum*, Rothomagi, 1651.
- *Cantilenæ intellectuales de phœnice redivivo*, Paris, 1758.

MARIE LA JUIVE - *Dialogue de Marie et d'Aros sur le Magistère d'Hermès*, in Bibl. Phil. chim. (1741), t. I, pp. 74-84.

MEUNG (Jean CLOPINEL dit Jean de)
- *De la transformation métallique*. - *La fontaine des amoureux de Science*. - *Les remonstrances de nature à l'alchymiste errant*, Paris, 1561.

MORIEN - *Entretien du roi Calid et du philosophe*. - *Sur le Magistère d'Hermès*, in Bibl. Phil. chim. (1741), t. II, pp. 56-11.

MYNSICHT (Adrian von) - *Aureum seculum redivivum*, Francoforti, 1625.

NORTHON (Samuel) - *Mercurius redivivus*, in *Dreyfaches Hermetisches Kleebat*, 1677.

PANTHEUS (Johannes Augustinus) - *Voarchadumia. Ars et theoria transmutationis metallicæ*, Venetiis, 1550.

PARACELSE (Philippe Theophraste BOMBAST DE HOHENHEIM, dit) - *Bücher und Schriften des edlen, hochgelehreten un bewehrten philosophi medici, P.T.B.V.H. Paracelsi genannt etc.*, Bâle, 1589, 10 vol. in-4°.

PERNETY (Dom Antoine-Joseph) - *Dictionnaire mytho-hermétique*, Paris, 1758.
- *Les Fables égyptiennes et grecques dévoilées et réduites au même principe*, Paris, 1786.

PHILALETE - *Introitus apertus ad occlusum regis Palatium*, Amstelodami, 1667. - *L'Entrée ouverte au palais fermé du roi*, in *Histoire de la Philosophie hermétique* par LENGLET-DUFRESNOY, Paris, 1742, pp. 121-273.

- *L'Epître de Georges Ripley à Edouard IV, roi d'Angleterre, expliquée par Eyrénée Philalète,* in Lenglet-Dufresnoy, pp. 296-341.

PICCOLOPASSI (Le Cavalier Cyprian) - *Les troys Libvres de l'Art du Potier,* Paris, 1861.

PIERRE LE BON DE LOMBARDIE (dit de FERRARE) - *De secreto omnium secretorum Dei dono,* Venetii, 1546. - *Margarita pretiosa novella,* in Manget, Bibl. Chem., t. II.

PONTANUS - *De lapide Philosophico,* Francofurti, 1614. - *Epistola de igne philosophorum,* Manus. 19.969, Bibl. Nationale.

RHASES (Aboubekr ben Zacharia) - *Abubecri Rhazæ Opera,* Basilæ, 1544.

RIPLEY (Georges) - *Opuscola quædam chemicæ Riplæi Angli medulla philosophiæ chemicæ,* Francofurti, 1614.

ROUILLAC (Le R.Philippe.) - *Abrégé du traité du Grand Œuvre des Philosophes,* in Bibl. Phil. chim., Paris, 1754.

RUPESCISSA (Jean de ROQUETAILLADE dit) *Liber Lucis,* in Manget, Bibliotheca chimica, t. II et in AROMATICO (Andrea) *Liber Lucis, Giovanni da Rupescissa e la tradizione alchemica,* Milan, 1996.

SALOMON TRISMOSIN - *La Toison d'or ou la Fleur des trésors,* Paris, 1612.

SENDIVOGIUS (SETHON Alexandre et) - *Traicté du soufre et du sel,* La Haye, 1639. - *Le cosmopolite ou la nouvelle lumière chymique,* Paris, 1723.

SENIOR (Zadith) - *Tabula Chimica,* in Theatrum Chimicum, t. V.

STOLCIUS (D.) - *Viridarium Chymicum,* Francofurti, 1624.

SYNESIUS - *De l'Œuvre des philosophes,* in Bibl. Phil. chim., t. II (1741), pp. 175-194.

TOL (Jacques) - *Traité du ciel chymique,* Amsterdam, 1688.

ULSTADE (P.) - *Le ciel des philosophes,* Paris, 1546.

VIGENERE (Blaise de) - *Traicté du feu et du sel,* Paris, 1618.

ZACHAIRE (D.) - *Opuscule de la Philosophie naturelle des métaux,* in Bibl. Phil. chim. (1741), t. II, pp. 447-558.

TRAITÉS ANONYMES

- «L'assemblée des disciples de Pythagoras appelée le Code de Vérité ou la Tourbe des Philosophes», in Bibl. Phil. chim. (1741), t. II, pp. 1-55.

- «La lumière sortant par soi-même des ténèbres ou véritable théorie de la Pierre des Philosophes», Paris, 1692.

- «Le filet d'Ariane pour entrer avec seureté dans le labyrinthe de la Philosophie hermétique» (attribué à Heinrich von Batsdorf), Paris, 1695.

- «La Table d'Emeraude», texte souvent reproduit, signalé pour la première fois par Albert le Grand dans le De Secretis.

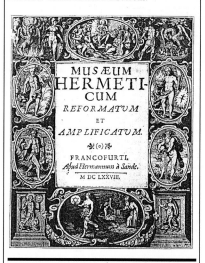

REVUES CONSACRÉES A L'ALCHIMIE

- AMBIX, Journal of the «Society for the Study of Alchemy and early Chemistry», Londres, depuis 1937.

- ATLANTIS, Archéologie scientifique et traditionnelle, Vincennes, depuis 1926.

- CAHIERS de l'Hermétisme, Paris, depuis 1977.

- CHYMIA - Annual Studies in the History of Chemistry, Philadelphie, 1948-67.

- ISIS, International Review devoted to the History of Science and its cultural Influences, Baltimore, depuis 1913.

- OSIRIS, Studies on the History and Philosophy of Science…, Bruges, depuis 1936.

- LA TOUR SAINT-JACQUES, Paris, 1955-62.

TABLE DES ILLUSTRATIONS

miniature extraite de *Praetiosissimum Donum Dei*, manuscrit du XVIIe siècle, Paris, Bibliothèque de l'Arsenal.
71h Les Quatre sphères, gravure en taille douce coloriée, in M. Maier, *Atalanta fugiens*, 1618.
71b Médaille alchimique, XVIIe siècle, Paris, Musée d'histoire de la médecine.
72 L'Adepte, planche aquarellée extraite d'un traité alchimique sous forme de rouleau de George Ripley, XVIIe siècle, Oxford, Bodleian Library.
73 «Le Bain philosophique», miniature extraite de *La Toyson d'or de Trismegin Salomon*, manuscrit du XVIIIe siècle, Paris, Bibliothèque nationale.
74 «Exposition de la rosée aux rayons cosmiques», planche gravée in *Mutus Liber*, édition de J.-J. Manget, 1702.
75 «Fin du Grand Oeuvre», *Idem.*
76-77b Laboratoire alchimique, planche gravée in S. Michelspacher, *Cabala, speculum artis et naturae in alchimia*, 1654.
77h Alchimiste au travail, xylographie allemande, 1519, Londres, British Library.
78 *L'Alchimiste du village*, détail d'une peinture de J. Steen, vers 1600, Londres,

Wallace Collection.
79 *Alchimistes*, détail d'une peinture de Mehdi, 1893, Tehéran, Golestan Palace.
80-81 «Le Dragon à trois têtes», miniature extraite du *Clavis Artis* de Zoroaster, manuscrit du XVIIe siècle, Rome, Biblioteca de l'Accademia dei Lincei, Fonds Verginelli-Rota.
81h Quatre alchimistes au travail sous la conduite de Geber, Aristote, Rhozes et Hermès, gravure coloriée extraite du *Theatrum Chemicum Britannicum*, XVIIe siècle, Oxford, Bodleian Library.
83-87 «Les Etapes du Grand-Oeuvre», planches extraites de *Praetiosissimum Donum Dei*, manuscrit du XVIIe siècle, Paris, Bibliothèque de l'Arsenal.
90 Un alchimiste au travail avec ses assistants, illustration d'un poème alchimique allemand du XVIIe siècle, Oxford, Bodleian Library.
90-91 Quatre exemples de fourneaux, xylographie allemande, 1519, Londres, British Library.
91 «L'Oratoire et le laboratoire», planche gravée extraite de Henri Khunrath, *Amphitheatrum Aeterae Sapientiae*, 1609.
92 *Alchimiste dans son

laboratoire*, peinture de Thomas Wych (1616-1677), Paris, musée du Louvre.
93 *L'Alchimiste*, peinture de Cornelis Pietersz, 1663, New York, Shickman Gallery.
94h *L'Alchimiste*, détail d'une peinture de Adriaen van Ostade (1610-1685), Londres, National Gallery.
94b *L'Alchimiste*, détail d'une peinture de David Ryckaert III (1612-1661), Le Havre, Musée des Beaux-Arts André Malraux.
94-95h *L'Alchimiste*, peinture de David Teniers le Jeune (1610-1690), Bayonne, musée Bonnat.
94bg «Fournel», planche aquarellée extraite de *La clef du secret des secrets*, recueil de traités cabalistiques, XVIIe siècle, Paris, Bibliothèque Nationale.
95bd «Athanor», planche aquarellée extraite d'un recueil de traités d'alchimie, XVIe-XVIIe siècles, Paris, Bibliothèque Nationale.
96 *L'Alchimiste*, peinture de Joseph Wright of Derby, 1770, Derby Museum and Art Gallery.

TÉMOIGNAGES ET DOCUMENTS

97 «Ora, lege, relege...», planche du *Mutus Liber*, édition de J.-J. Manget,

Genève, 1702.
98 «Chimistes» au travail en Mésopotamie au 3000e millénaire av. J.-C., illustration extraite de M. Levey, *Chemistry and Chemical Technology in Ancient Mesopotamia*.
99 «L'Oiseau d'Hermès», planche du *Theatrum Chemicum* de Elie Ashmole, Londres, 1652.
100 Portrait gravé de l'alchimiste arabe Geber, *Chronique* de Thevet, XVIe siècle.
101 Page d'un manuscrit arabe du XVIIe siècle.
102 Roger Bacon, planche gravée extraite de M. Maier, *Symbola Aureae*, Francfort, 1617.
103 Pages extraites du *De secretis naturae seu de quinta essentia*, de Raymond Lulle, Rome, Bibliothèque Casanatense.
104 Gravure représentant le bas-relief du tombeau de Nicolas Flamel, extraite du *Livre des Figures Hiéroglyphes* de Flamel.
105 Page d'un commentaire manuscrit du *Traité de la pierre philosophale* de Lambsprink, XVIIIe siècle, Rome, Bibliothèque Casanatense.
106 Trois celèbres alchimistes, planche extraite du *Tripus aureus* de M. Maier, 1618.
107g *Faust*, gravure

Symbole	Français	Italien
⊕, ☾	*Or calciné.*	Oro calcificato
♁, ♌	*Or chimique ou hermétique.*	Oro chimico o ermetico
♏, ♈	*Or de mine.*	Oro di miniera
♏, ⊞	*Or en feuilles.*	Oro in foglie
⊖, ⊡, ⊞, ⊕, ∞	*Orpiment.*	Orpimento
♋, ♃	*Parties égales.*	Parti uguali
⚸	*Pâte aurifique.*	Pasta aurea
♂, ℞	*Perle.*	Perla
♓	*Phosphore.*	Fosforo
♎, ♇	*Pierre calcinée.*	Pietra calcinata
PC, IC	*Pierre calaminaire.*	Pietra calaminaria
✡	*Pierre philosophale.*	Pietra filosofale
♔	*Pierre philosophale ou Poudre du 1er ordre.*	Pietra filosofale o Polvere del primo ordine
♕	*Pierre philosophale du 3e ordre (Couronne du Sage)*	Pietra filosofale del terzo ordine (Corona del Saggio)
♎, ⊏	*Pierre sanguine.*	Pietra sanguigna
♄, ♃, ♄, ♄, p	*Plomb-Saturne.*	Piombo, Saturno
♆	*Potasse.*	Potassio
℞, ♣, ♂	*Poudre.*	Polvere
♅, ⏦	*Précipiter. Précipitation.*	Precipitare, Precipitazione
℞	*Prenez.*	Prendete
♈, ♍, ✓	*Purifier. Purification.*	Purificare, Purificazione
▽, π, ⊤	*Putréfier. Putréfaction.*	Putrefare, Putrefazione

INDEX

CRÉDITS PHOTOGRAPHIQUES

AKG Photo 1, 3, 5, 6, 7, 8, 9 , 11, 18b, 19. Alinari-Giraudon 62. Bibliothèque Nationale de France, Paris 13, 17, 18h, 29g, 30-31, 46 à 53, 57, 64, 66b, 70, 73, 83 à 87, 94bg, 95bd, 122, 123h. Bodleian Library, Oxford 44, 72, 81h, 90. Bridgeman-Giraudon, Paris 2, 4, 35h, 36, 41, 43, 77h, 78, 90-91, 93.Jean-Loup Charmet, Paris 21b, 26-27, 54-55h, 54b, 55b, 71b, 91, 99, 100, 109, 110, 118. Collection Christophe L. 143. Dagli Orti 16-17. DR 22, 23b, 32-33, 40-41, 42, 42-43, 56, 58, 59, 71h, 74, 75, 76-77b, 97, 101, 102, 103, 104, 105, 106, 107g, 108d, 119, 123b, 124, 125, 126-127h, 126b, 132-137. Edimedia 94h. Courtesy of Fisher Scientific Company, Pittsburgh 68-69. Giraudon, Paris 9, 94b, 96. Ikona, Rome 37, 39, 67, 80-81. Ikona/Araldo de Luca 15. Ikona/Biblioteca apostolica vaticana 35b. Ikona/Giuseppe Cocco/AFE 60, 62-63. Ikona/Gustavo Tomisch 28, 65, 66h. Ikona/Gustavo Tomsich/AFE 20-21h. Magnum/ Eric Lessing 23h. Réunion des Musées Nationaux, Paris 92, 94-95h. Scala, Florence 12, 30, 61. Jean Vigne 24, 34, 45b, 45h, 120. Zentralbibliothek, Zurich 25, 29h. Couverture :

REMERCIEMENTS

L'éditeur remercie tout particulièrement Audrey van de Sandt de l'attention constante qu'elle a portée à la traduction de cet ouvrage.

ÉDITION ET FABRICATION

DÉCOUVERTES GALLIMARD COLLECTION CONÇUE PAR Pierre Marchand. DIRECTION Elisabeth de Farcy. COORDINATION ÉDITORIALE Anne Lemaire. GRAPHISME Alain Gouessant. COORDINATION ICONOGRAPHIQUE Isabelle de Latour. SUIVI DE PRODUCTION Fabienne Brifault. SUIVI DE PARTENARIAT Madeleine Giai-Levra. RESPONSABLE COMMUNICATION ET PRESSE Valérie Tolstoï. PRESSE David Ducreux et Alain Deroudilhe.
ALCHIMIE, LE GRAND SECRET
ÉDITION Frédéric Morvan. ICONOGRAPHIE Caterina D'Agostino. MAQUETTE Valentina Leporé. LECTURE-CORRECTION Béatrice Peyret-Vignals. PHOTOGRAVURE Arc-en-Ciel.

Table des matières